HSU

美的センスを磨く秘訣

美の伝道師の使命

The Calling for Beauty Missionaries

大川隆法

Ryuho Okawa

本対談は、2015年10月21日、幸福の科学総合本部にて、
公開収録された（写真上・下）。

まえがき

「真《しん》・善《ぜん》・美《び》」とはいうものの、とうとう私が「美」について語り、「美の伝道師の使命」にまで踏み込むとは、十年前、二十年前に一体誰が想像できただろうか。自分でもいまだに、恐《おそ》る恐《おそ》る一歩一歩進んでいる状態である。

しかし、大勢《おおぜい》の人前で話したり、映画の製作総指揮をしているうちに、芸能、芸術、音楽、演技、演出、接客の心得まで話さなければならなくなって、いつしか私も、「美の伝道師」の一端《いったん》を担《にな》わなければならなくなってきた。

美にも、素材の美や様式美《ようしきび》以外に、表現美《ひょうげんび》が重要かつ、大切であると思う。「美の伝道師」を巡《めぐ》っても、私の頭からは、この「表現美」という言葉が離れない。これは、訓練と努力で、美も創り上げ、表出《ひょうしゅつ》できるという考えだろう。本書はその可能性について、愛染美星《あいぜんみほし》さんと対談しながら考えた結晶《けっしょう》である。美的センスを磨く一歩ともなれば幸いである。

二〇一五年　十一月三日

幸福《こうふく》の科学《かがく》グループ創始者兼総裁《そうししゃけんそうさい》　大川隆法《おおかわりゅうほう》

美の伝道師の使命　目次

美の伝道師の使命

――美的センスを磨《みが》く秘訣《ひけつ》――

二〇一五年十月二十一日　収録
東京都・幸福の科学総合本部にて

7

現代的な美の基準を考える

美の伝道師の使命

―美的センスを磨《みが》く秘訣《ひけつ》―

2015年 10月 21日　収録
東京都・幸福の科学総合本部にて

［対談者］

愛染《あいぜん》美星《みほし》（幸福の科学メディア文化事業局スター養成部担当理事
兼《けん》ＨＳＵ未来創造学部 芸能・クリエーター部門専攻《せんこう》コース
ビジティング・プロフェッサー）

［司会］

天雲《てんくも》菜穂《なお》（幸福の科学第三編集局長
兼「アー・ユー・ハッピー？」編集長）

［役職は収録時点のもの］

1　新たに「美の法門《ほうもん》」を開いていきたい

「美」という大きなテーマについて語るのは難しい

司会　これより、幸福の科学グループ創始者兼総裁《けん》、大川隆法先生と、メディア文化事業局の愛染《あいぜん》理事による対談「美の伝道師の使命」を始めさせていただきます。

どうぞ、よろしくお願いいたします。

大川隆法　何とも恐《おそ》ろしい題ではありますが、ぜひ、そちら（愛染）でリーダーシップをお取りくだされればありがたいと思います。

愛染　いえ……。私も、「美の伝道師の使命」について語る資格のある者かどうかというのが、ちょっと……（笑）。

大川隆法　いや、資格が欲《ほ》しいところでしょう？　ですから今日は、「資格をつくるための対談」なんですね。

愛染　私自身、分かっているのかどうか、よく分かりませんけれども（笑）、「美」というのはものすごく大きなテーマといいますか、非常に多岐《たき》にわたりますので、「部分部分として語る」ということはできるのかもしれませんが……。

大川隆法　確かに、「語る資格があるかどうか」というのは難しいことです。

愛染　はい。全体として、「これが美意識である」と言い切るのは、かなり難しいかなと思っております。

大川隆法　あなたは、二十五年ぐらい前に、ＪＡＬ《ジャル》（日本航空）のＣＡ（キャビン・アテンダント）から幸福の科学に来られ、私の秘書を務《つと》めた方ですよね。

愛染　はい。

大川隆法　その当時は、確か、私が演壇《えんだん》を歩くとミシミシと音がするような〝ムーンフェイス御本尊《ごほんぞん》〟になっていたころだと記憶《きおく》しているので（笑）、今回、私がこんな話に参加しなければいけないことになるとは、予想できなかったでしょうね。

愛染　（笑）いえ、あの……。

大川隆法　あんなときに、よく来てくれましたね。もう、ダルマさんが歩いているような感じだったと……。

愛染　いえ、いえ（笑）。

大川隆法　さて、どんなところから行きましょうか。

今、あなたは現実に、スター養成部等で指導をされていることもあるのでしょうけれども、まずは、「ハッピー・サイエンス・ユニバーシティ（HSU）で未来創造学部 芸能・クリエーターコースをつくるに当たり、美や芸能、芸術関係に関するいろいろな話が欲しい」というところでしょうか。

愛染　はい。

●ハッピー・サイエンス・ユニバーシティ　「現代の松下村塾」として2015年に開学した「日本発の本格私学」（創立者・大川隆法）。「幸福の探究と新文明の創造」を建学の精神とし、初年度は「人間幸福学部」「経営成功学部」「未来産業学部」の3学部からなる（4年課程）。2016年春には、新たに「未来創造学部」が開設予定。

大川隆法　二日ほど前に、ＨＳＵで「新時代に向けての『美』の探究」という話をしたところですが（注。二〇一五年十月十九日、『幸福の科学大学創立者の精神を学ぶⅡ（概論《がいろん》）』〔幸福の科学出版刊〕第1章講義として法話《ほうわ》を行った）、おそらくは、かなり抽象《ちゅうしょう》性の高い話にもなったかと思うので、不十分なところがあったのではないでしょうか。

ですから、今日は、もう少し個別具体的な話なども聞きたいのではないかと思っています。指導をしたりテキストをつくったりするに当たり、まだ開かれていない法門《ほうもん》を開いていかなければいけないでしょう。

愛染　はい。

大川隆法　まあ、私もよく分からなくなったら、もう、あなたの守護霊《しゅごれい》に訊《き》いて答えますから（笑）。

愛染　いえ……（笑）。

2 現代において進んでいる「美の民主主義化」

「美」について、多くの人にチャンスが開かれた現代

司会　愛染さん、質問はありますか。

愛染　はい。最近、大川総裁から、「美の民主主義化」ということをお教えいただいておりますけれども、私は、その民主主義化のなかに、やはり、「天国的な美」や「地獄《じごく》的な美」など、いろいろなものが入ってくるのだろうと思うのです。

そこで、私が全般《ぜんぱん》的に強く感じていることは、「美が民主主義化したとしても、本当の意味での美意識を理解できた上で、民主主義化になっているのかどうか」ということです。「本物の価値」「本物の美」というものを見失っている時代では

ないのかなと思います。

情報過多の時代でもありますので、「他の人が『いい』と言うから、これはいいんだ」と思ってみたり、「有名なものはいい」と思ってみたり、そして、「値段が高いから、これは美しいのだ」と思ってみたりと、そういう価値判断のなかで「美」というものを考えているのではないでしょうか。

そのようなことになってくると、地獄的な思想が蔓延《まんえん》したときには、そちらの〝美〟のほうに流れていってしまう可能性があるのではないかと思うのです。

それと同時に、今は「量産化《りょうさんか》」というのが進んでいる部分がありますので、それによって、「個々の美の意識」といいますか、「感受性《かんじゅせい》」というものを高めることが少なくなっていき、結果的に、「美の感受性」というものが、どんどん薄《うす》くなっていっているのではないかという気がいたします。

そういう意味で、全般的に、「美意識」というものが上がっているようには、私自身は感じていないといいますか……。

大川隆法　なるほどね。ただ、「美の民主主義化」というのは、私しか言った人がいないので、それほどたくさん言われているわけではありません。

昔話的に言えば、たいてい、美しいのはプリンセスということになっています。「王妃《おうひ》様か、あるいはそのお姫《ひめ》様は美しい」ということになっていて、必ず身分が伴《ともな》っているんですよね。

ですから、「お姫様は美しくあっていただきたい」という感じでしょうか。昔物語もみな、そうですよね。ある程度の身分を伴う場合の美しさを言われることが多かったと思います。

愛染　はい。

大川隆法　確かに、身分のある方はそれなりの美しさを保つように努力をされているでしょう。それが、現代では、昔であれば身分的にはずっと下に当たるような人であっても、美の世界においては、やや「別の基準」で見られているような人がいますよね？

例えば、同じ世代で見れば、皇室の佳子《かこ》さまの美しさというのは、上品なものがあると思います。一方、選ぶ基準としては違《ちが》いますが、その佳子さまの美しさと、芸能界の女優や歌手などの美しさというのは、やはり、同じく「美しい」というジャンルで括《くく》れる面はあるかもしれません。

歌手とか女優になる人は、さまざまなオーディションを受けて出てきたり、美少女コンテストのようなもので出てきたり、いろいろな出方をしますけれども、どこの人だったか分からないような人が、ポコッといきなり出てくる感じですよね。

そういう人と、かたや皇室に生まれて育てられた人というのは、身分は同じではないけれども、美的な面から見れば、十分、〝競《きそ》い合える〟ような面はあります。

愛染　はい。

大川隆法　そういう意味では、確かに、機会が開かれ、多くの人に美しく見られる、あるいは美しく見せるチャンスが増えたのは事実だと思うのです。

愛染　ええ。

「現代版のシンデレラ」はどのようなところから出てくるか

大川隆法　そうしたことは悪いことではないし、今は、世の中の原理すべてがそうなっていますよね。

政治家だってそうです。君主《くんしゅ》になれない代わりに、選挙で選ばれてトップになります。議員になったり、知事になったり、首相になったりもします。

あるいは、「現代版のシンデレラ」と呼ばれるようなものだってそうですね。芸能界では、視聴率《しちょうりつ》等、人気でそれを得る場合もあるでしょう。また、今はテレビの主要局といってもそれほど数はないですから、そういうところのメインキャスターぐらいになると、「現代のシンデレラ」とか、「一万人に一人ぐらいしかなれない」というような言い方をされたりするかもしれませんよね。そういう人には、「美人で頭もよくなければいけない」「海外まで留学して英語もペラペラでなければいけない」といった条件が付いたりすることがあるので、すごく難しいような言い方もされますよね。

そういう意味で、この世的な測《はか》り方はいろいろあるのだろうけれども、確かに、「たくさんの人にチャンスが開かれた」と思うのです。そして、それを目指すための方法論や努力も、ある程度見えないわけではありません。

ただ、結果的には、多くの人が支持しなければ、そうはならないという点においては、やはり、選挙等とまったく同じ条件が続いていますよね。そういうとこ

「美の伝道師」となるヒント

確かに、機会が開かれ、
多くの人に美しく見られる、
あるいは美しく見せるチャンスが
増えたのは事実だと思うのです。

（大川隆法）

ろがあるので、全体的には悪いことではないと思っているんですよ。

昔ならお化粧《けしょう》などしなかったような世代まで、今はお化粧ができるし、農家に育ち、子供時代には野良《のら》仕事を手伝っていたような人でも、大人になって、都会に出てきてお勤めしたり、お嫁《よめ》に行ったりして、お化粧してそれなりの服を着たりすれば、もう、身分は全然分からないですよね。

そういう意味では、〝よい面〟も多いと思うのです。ですから、「地獄《じごく》的なものかどうか」というところまで本当に行っているのかどうかは、まだ分からないところがあります。

愛染　はい。

大川隆法　また、その「地獄的なもの」というのも、「現代だからそうだ」とは必ずしも言えなくて、昔の、身分のあるお姫様とか女王様などの時代でも、民衆をいじめるような意地悪い女王様だったら、（見た目は）美しくても、絵に描いてみれば〝地獄の魔女《まじょ》〟のようになるかもしれないですからね。

愛染　はい。

大川隆法　そういうこともあるので、もしかしたら、原型《げんけい》はそちらのほうにあるのかもしれません。昔は「大物」が多かったかもしれないけれども、今は、〝小さい粒《つぶ》〟のものにも、天国的なものも地獄的なものもあるのではないかという気はします。

愛染　はい。

女性の憧《あこが》れの職業の一つだったCA

大川隆法　あなたも、ＪＡＬ《ジャル》のＣＡになられたときには、やはり、周りの見る目がちょっと違ったのではないですか。どうなんですか。

愛染　いえ……、何と言うのでしょうか、スチュワーデスの先輩《せんぱい》がたはみな、全体的に美しい方ばかりでしたから、そのなかでお仕事ができるというのが、すごくうれしかったですね。

大川隆法　うんうん。

愛染　立《た》ち居《い》振《ふ》る舞《ま》いにしろ、発する言葉にしろ、いろいろな面で美を追求《ついきゅう》されている方々がたくさんいらっしゃいましたので、そういう方々のなかでお仕事をさせていただけることが、本当に喜びでした。

大川隆法　あなたがＪＡＬの何期生かは、ちょっと分からないのですが、私が商社に入社した当時、財務本部長で取締役《とりしまりやく》をしていた上司が、かつてサンフランシスコの駐在員《ちゅうざいいん》だった時代に、スチュワーデスに恋《こい》をして、結婚《けっこん》されたのです。その奥様《おくさま》に一回お会いしているのですけれども、確か、「ＪＡＬの第一期生だ」と言っていたと思います。

愛染　ええ。

大川隆法　その人は、私の名古屋《なごや》支社時代に、東京からわざわざ会いに来てくださったことがありました。ご主人のご意向で、「あいつがどういう人間かをちょっと見てきてくれ。あれに合うような女性がいるかどうか探してくれ」という〝密命《みつめい》〟を帯びていたらしく、私を〝検分《けんぶん》〟に来られたことがあるんですね。そのJALの第一期生の人は、スラッとして背が高く、おそらく頭もよろしいのでしょうけれども、かっこいい感じで、何か宝塚《たからづか》のスターのような人だったのです。

ですから、「へぇえ！」と思ったのと同時に、「あの上司は、昔、『飛行機が着かないかなあ』と思いながら、いつも空港でこの人を待っていたんだろうな」というようなことを想像したのを覚《おぼ》えています。

やはり、あのころは、（スチュワーデスは）すごく人気があったのではないですか。

愛染　そうですね。初期のころは選ばれた方が……。

大川隆法　「初期のころ」は？

愛染　はい（笑）。

大川隆法　ああ、そうですか（笑）。

愛染　初期は選ばれた方がスチュワーデスになったんでしょうけれども、私の時代には大量輸送時代に入っていて、スチュワーデスも大量に採《と》っていましたので、そのワン・オブ・ゼムでやっておりました。

大川隆法　そうですか。

もう半世紀も前になると分からないのですが、私のほうの田舎《いなか》でも、小学校から中学校ぐらいの女子生徒の「未来の憧《あこが》れの職業」といえば、スチュワーデスがトップクラスに出てきていたような気はしますけれどもね。

愛染　当時、「海外に行ける」ということが大きかったのではないかと思います。

大川隆法　そうですよね。当時、海外に行くときには、まだ、「この世の別れになるかもしれない」というようなことで、友人とか知り合いがみな見送りに来たりすることが、それほど珍《めずら》しくありませんでした。今はそこまではしないのでしょうけれども、私が若いころはまだ、「もうお別れかも」という感じはありましたね。

愛染　ええ。

大川隆法　今は、もっともっと飛行機が飛んでいるから、そんなことはやっていられないでしょうけれども。

愛染　はい。ですから、昔と今とでは、かなり違ったレベルで飛んでいる可能性はあると思います。

大川隆法　昔のＣＡに当たるような人が、今は、テレビ局のほうに移動したり、ほかのところに移動したりしているのかもしれませんけれどもね。

愛染　そうですね。

いろいろな時代を経《へ》て「美意識」を高めてきた日本人

愛染　私がＣＡとして飛んでいた当時は、大量輸送時代でしたから、農協の方ですとか、団体の方がすごくたくさん来られていたんですよね。

パリに行ってブランドものを買ったり、いろいろなところで買い漁《あさ》ったりしているような時代だったのです。

大川隆法　分かる分かる。農協さんが大勢《おおぜい》行くというのが……。

愛染　それで、「日本人はマナーがなっていない」とか「垢抜《あかぬ》けていない」などという批判をかなり受けていましたし、私たちも海外のホテルに泊《と》まっていたんですけれども、海外のホテルの方々からも、そういう目で見られたりしていた時代でもありました。

大川隆法　そうそう。今は、中国の人たちが〝爆買《ばくがい》〟をしていますけれども、彼らが電気釜《でんきがま》を提《さ》げて銀座《ぎんざ》あたりを歩き回っているのを見ると、もう本当に、一言《ひとこと》言いたくなることがあります。

愛染　ええ。まさに、日本もそういう時代でした。

大川隆法　秋葉原《あきはばら》で買い物をしてもいいけれども、「それを置いてから銀座に来なさい」と言いたくなるようなところはありますよね。「電気釜を提げて銀座を歩かれると、本当に迷惑《めいわく》なんだけれども」という感じが多少ありますが、かつては日本人もああいう感じだったのでしょうか。

愛染　ええ。ですから、そういう時代と比べると、やはり、今の日本人というのは美意識が高くなってきたのではないでしょうか。

大川隆法　なるほど。

愛染　いろいろなところで学べたのではないかと思います。

乗客名簿《めいぼ》の事前確認で有名人に失礼のないようにしているCA

大川隆法　あなたが幸福の科学に来たころとか、その直前ぐらいのころは、「CA」とは言わず、「スチュワーデス」とか「パーサー」などと言っていたように思うのですが、そのときから私も地方にも（講演で）出ていたので、よく飛行機を使っていました。

当時からJALやANA《アナ》等には幸福の科学の会員がわりに多かったのです。それで、いろいろなところで見つかるわけですが、みな上品なため、最初から声をかけたりはせず、降りるころになって挨拶《あいさつ》に来るんですよね。

例えば、九州から飛行機に乗って帰ってくるときには、羽田《はねだ》に着くころになって、「大川様、お目覚めでございますか。かわいい寝顔《ねがお》を見させていただきました。私は会員です」などと言われるので、「ええええええー!?」となるわけです（笑）。

愛染　（笑）

大川隆法　「しまった！　隙《すき》を見せてしまった！」と思う頻度《ひんど》がわりあい高く、びっくりしていました。あなたが伝道していたのかもしれませんが。

愛染　（笑）

大川隆法　「命に危険のある職業なので、けっこう宗教を信じている人は多いのだ」というようなことを言っていたし、「乗客名簿《めいぼ》に『大川隆法』の名前が載《の》っているのを見ると、『ああ、今日の飛行機は墜《お》ちない』と言って、パイロットとスチュワーデスが一緒《いっしょ》になって喜んでいた」とかいうことも聞いたことがあります。

愛染　はい（笑）、そうですね。事前に名簿が来るので、有名人がどこに座《すわ》るかというのは、だいたい分かるんですね。

大川隆法　なるほど。

愛染　それで、「失礼がないように」とか「丁重《ていちょう》にご接待するように」などということを、上から言われますので。

大川隆法　なるほどね。時代が過ぎて、私も注目されなくなったころ、ＩＴ系の社長なんかが乗っているときには、ＣＡたちがちょっと目配《めくば》せをしたりしているような姿をときどき見ましたね。

愛染　ああ……。

大川隆法　「狙《ねら》っていらっしゃるのかな?」と思いました(笑)。

愛染　(笑)

大川隆法　「声がかかる」のを待っているのでしょうか。

3 元ＣＡに訊《き》く接客の秘訣《ひけつ》と人物眼《がん》

「作法《さほう》における美」の実体験

大川隆法　（司会の）天雲《てんくも》さんが何か言いたいようですが。

司会　今も昔も、女性の人気の職業であるＣＡのところを……。

大川隆法　いや、「美の伝道師の資格」について、今、ちょっと話をして……（笑）。

司会　はい（笑）。ＣＡは、今も昔も憧《あこが》れの職業の一つだと思うのですけれども、先ほど出ました、マナーや言葉、見た目などにおける美は、時代によって変わっていくところがあります。このあたりは、どうでしょうか。

大川隆法　「作法《さほう》」のほうは、明らかに最初から、みな、けっこう厳しく躾《しつ》けられているらしく、当会もわりに早いうちから、女子職員の研修にＪＡＬ《ジャル》、ＡＮＡ《アナ》系のＣＡの人などが来てくれて、教えてくれたりしていました。

あなたも確か、私が講演会で熊本《くまもと》かどこかに行ったときに、裏方のスタッフとして、休日に九州のほうから呼び出されていましたよね。普通《ふつう》は秘書とかがついてくるものなのでしょうけれども、当時はあまりいなかったので、あなたが接待したことがありましたよね。

そのときに、機内サービスではないけれども、講演会の裏方として出てきて、膝《ひざ》をついて配膳《はいぜん》してくるので、「いや、すごいなあ」と思いました（笑）。

愛染　（笑）

大川隆法　「膝をついて出す」というのは、今でもしていませんから、「ほお！　やはり、プロは違《ちが》うものだな」と思い、ちょっと感心していたのです。

　すると、熊本の支部長だか本部長だかが、「先生、東京へ連れていってください」と言うので、「じゃあ、来るかい？」と言って、秘書として〝リクルート〟した覚《おぼ》えがあります。

愛染　（笑）

大川隆法　膝をついて出していましたよね？

愛染　はい。目線を相手の方より下に……。

大川隆法　あっ、なるほど。「目線を下にする」という意味があるのですか。

愛染　目線を下にしなければ、少し失礼なこともあるかと思います。

大川隆法　そうすると、美しい感じになるのですか。

愛染　ええ。

大川隆法　料亭《りょうてい》などでも同じでしょうか。そういうところは似た感じなのですか。

愛染　そうですね。

大川隆法　なるほどね。

大行事のときに、緊張《きんちょう》せずに対応することの大切さと難しさ

大川隆法　これは「伝道師」に当たるのかどうかは分かりませんが、一九九〇年代、横浜《よこはま》アリーナや幕張《まくはり》メッセ、東京ドームなど、ああいう大きなところでの講演会のころは、ほとんどあなたが秘書をしていたときですよね？

愛染　そうですね。

大川隆法　あなたがいた時代なんですよね。あなたが女性秘書のトップをしていたときなのですが、安定感という意味ではすごかったです。やはり、大勢《おおぜい》のお客様を相手に、表情を変えず、にこやかに接客する訓練をされているわけですね。

普通、講演会の規模が大きくなってくると、スタッフは緊張《きんちょう》してくるんですよ。ビリビリビリビリと、みなが〝電気ウナギ〟のように変わってきて、私は緊張したくないのに、周りの緊張がこちらに移ってくるわけです。

もう、電気ウナギのようなビリビリ感が移ってくるんですけれども、この人だけは平常と同じような感じで、にこやかにものを出してきたり、話しかけてきたりするので、非常に安定感が高く、意外と安定した〝フライト〟をするのにいい感じだったのを覚えています。

ただ、そのあたりのことを、意外に周りは分かっていなかったようです。美星さんが秘書を出てからあと、大行事がほとんどなくなっていますから。

やはり、何万人もの行事に堪《た》えるとなると、たいてい、秘書はみなおかしくなるんですよ。「失敗してはいけない」とか、いろいろなことをグルグル考えてしまって、こちらのほうにも悪影響《えいきょう》が出始めるんですね。

あなたは、そのあたりが安定していたので、やはり、人に会うときや接客のときの心のコントロールの訓練があるのではないですか。

愛染　はい。あるのですけれども、もうＶＩＰ《ビップ》の方をたくさん見てきましたので。

大川隆法　そうでしょうね。

愛染　（ほかの人たちと）そんなに変わらないなという（笑）。

大川隆法　ああ、なるほど。

愛染　ＶＩＰの方こそ、普通の人間として、すごく親しみを込《こ》めて語ってくださったり、人間的だったり、気遣《きづか》ってくださったりするんですよね。ですから、ＶＩＰの方こそ、本当にやりやすいといいますか。

「美の伝道師」となるヒント

VIP《ビップ》の方こそ、普通《ふつう》の人間として、
すごく親しみを込《こ》めて語ってくださったり、
人間的だったり、
気《き》遣《づか》ってくださったりするのです。（愛染）

大川隆法　なるほど。

愛染　はい。ただ、総裁先生のときには、私も緊張していたんですよ。

大川隆法　あっ、本当にしていたのですか。ああ、そう？

愛染　ええ。もうかなり緊張していまして。

大川隆法　それはすごいですね。

愛染　物を取り損《そこ》ねて落としたり、割ってしまったりとかというのは、裏方《うらかた》ではかなりございました（笑）。

大川隆法　ああ。「部下には厳しかった」という話は聞いています。

愛染　はい（笑）（会場笑）。

大川隆法　「部下の人はたいへん厳しく躾《しつ》けられて、緊張していた」というのは聞いているのですが、私のほうには感じさせなかったですね。

愛染　私も緊張しながらさせていただいていました（笑）。

接客業に必要な「お客様の職業」や「立場」を見抜《みぬ》く力

大川隆法　ああいう接客業務を中心にすると、やはり、基本的には〝八方美人〟でしょう。基本は、いろいろな人にいい感じで接しなければいけなくて、好き嫌《きら》いを明確に出しては……、まあ、「好き」を出すのはよいのかもしれませんが、「嫌い」を出してはいけないのでしょう。

愛染　そうですね。でも、基本的に、接客をする方には、人の好き嫌いが少ない方が多いですね。

大川隆法　少ないのですか。もともと？

愛染　ええ。

大川隆法　ああ、訓練ではなくて？

愛染　そうですね。

スチュワーデスになって、いろいろな方とお話しすると、だいたい、「どの方も、とてもいい方が多い」ということがすごく分かってくるんです。国境を越《こ》えて、人種を超《こ》えて、年齢《ねんれい》を超えて、いろいろな方とお話しできますから、「どの方も、本当に素晴《すば》らしいんだ」ということがよく分かって、それで仕事が楽しくなるんですよね。

大川隆法　なるほどね。

愛染　それに、毎日、同じ方とお会いするわけではなくて、毎回、違う方とお話しできるので、いいものを吸収できました。ですから、本当に素晴らしい仕事だったなと思っております。

大川隆法　スチュワーデスも、銀座《ぎんざ》のクラブではないけれども、機内に入ってきたお客の服装とか、マナーとか、表情とか、立《た》ち居《い》振《ふ》る舞《ま》いとかをいろいろと見たり、性格などを見抜《みぬ》いたりして、「どの程度のサービスをしなければいけないか」ということを考えなければいけないのでしょう? あるいは、乗客の名《めい》簿《ぼ》などで、最初に情報が入っているのですか。

愛染　情報を見なくても、だいたい分かります。

大川隆法　分かるんですか。

愛染　「部長さんかな」とか、「課長さんかな」とか。

大川隆法　やっぱりね。

愛染　社長さんやＶＩＰも見ただけで分かりますし、職業も分かりました。教職関係の方、役所関係の方、お医者さん、弁護士さん……。

大川隆法　なるほど。

愛染　そういう〝波動《はどう》〟を出されるので、そのように……。

大川隆法　ああ。そのように扱《あつか》ってほしそうな雰囲気《ふんいき》が出ているわけですね。

愛染　はい。「それを先取《さきど》りして、そういう扱いをする」ということですね。

大川隆法　ふーん。

愛染　そのあたりが分からないと、接客は務《つと》まらないかもしれません。

大川隆法　扱いが悪いと、相手がムッとするんでしょう？

愛染　はい。

大川隆法　それ相応の対応でないと、「軽く見たな」と思われて……。

愛染　でも、ＶＩＰの方の場合、失礼があっても、怒《おこ》る方はそれほどいらっしゃらなかったです。

中途半端《ちゅうとはんぱ》な〝中間の方〟は、よく怒っていましたね（笑）（会場笑）。

大川隆法　なるほど（笑）。

愛染　そういう方から、もう飛行機が離陸《りりく》しているのに、「この扱いは何だ!?飛行機から降ろせ！」などと言われたり（苦笑）（会場笑）。

大川隆法　（笑）面白《おもしろ》いですね。そうですか。

「超一流《ちょう》」「超ＶＩＰ《ビップ》」の意外な特徴《とくちょう》とは？

大川隆法　私は、あまり偉《えら》そうに見えない格好をして外に行くことが多いので、気をつけないと、かなり下に見られることも多かったんです。子供と一緒《いっしょ》にいるときなどは、特に、普通のおじさん風に〝化《ば》ける〟ことが多かったので。

これは飛行機ではなくて、新幹線に乗って、東京駅で降りたときの話ですが……。

愛染　はい。

大川隆法　私たちを迎《むか》えに来ている秘書が、気を回して、切符《きっぷ》を集めている人に、「こちらを開けて、通してもらえませんか」と頼《たの》んで、通用口《つうようぐち》のようなところを開けてもらっていました。

要するに、そのときは十五人ぐらいいたので、私たちを通用口から通してもらえるように頼んでいたわけです。

しかし、私たちが通用口を出てくるときに、ちょうど運悪く、帽子《ぼうし》を被《かぶ》った運転士たちが、何人かゾロゾロッと、向こうのほうからこちらに向かってきました。そこは職員が使う通用口なんですね。

愛染　はい。

大川隆法　そこで、彼らに会ってしまったんです。もちろん、こちらはきちんと頼んで開けてもらい、通っているんですが、彼らに、「おまえたちは何だ！　なんで、ここを通るんだ！」「切符はどうするんだ！　あっちに切符を置かずに出るのか!?」と、〝犯罪人〟扱いされて怒られて……（苦笑）。

愛染　（苦笑）

大川隆法　私は、秘書と一緒に「ごめんなさい」と謝《あやま》ったのですが（苦笑）、「どうも偉く見えないらしい」ということで、（握《にぎ》った右手の甲《こう》を目に当てて）シューンとしたのを覚えています。

愛染　ああ……。

でも、超《ちょう》一流の方は、けっこう目立たない方が多いですね。

大川隆法　ああ、そうですか。

愛染　本当に目立つ方は、まあ、こういう言葉は〝あれ〟ですけれども、意外と「二流」という感じがします。

大川隆法　厳しい！（笑）（会場笑）

愛染　これは、本当にそうで……。

大川隆法　厳しい判定です（会場笑）。

愛染　乗客名簿を事前に頂くので、だいたい分かるのですが、「えっ、この方が!?」というような方が超ＶＩＰ《ビップ》だったり。

大川隆法　ああ。

愛染　そういう方は、非常に、目立たなかったり、穏《おだ》やかだったりするんです。逆に、「社長です！」という感じで乗ってこられた方は、いわゆる、名の知れていないところの〝二番手《ばんて》さん〟だったりしたので、そういうことを特徴《とくちょう》として非常に感じました。

大会社の社長には見えない軽快な動き方を見せた二人の経営者

大川隆法　以前、話したことがありますが、私は、ダイエーがまだ元気だったころの中内切《なかうちいさお》さんと、飛行機が一緒になったことがあるんです（『ダイエー創業

者　中内㓛・衝撃《しょうげき》の警告　日本と世界の景気はこう読め』〔幸福の科学出版刊〕参照）。

愛染　はい。

大川隆法　大阪《おおさか》―東京間だったと思いますが、あのころはまだ、エアバスのように、飛行機に二階席があった時代でした。二階のほうがちょっといい席なんでしょうけれども、私が二階席に座《すわ》っていると、中内さんが、秘書などを連れずに、一人でヒュッヒュッヒューッと階段を上がってきて、私の隣《となり》の座席にヒョイッと座ったんです。そして、到着《とうちゃく》すると、ヒョイヒョイヒョイッと降りていきました。

また、それから十年も二十年もたったあとのことですが、ユニクロの柳《やな》井《い》正《ただし》さんと一緒になったこともあったんです。やはり、彼も、中内さんと似たよう

『ダイエー創業者　中内㓛・衝撃の警告　日本と世界の景気はこう読め』（幸福の科学出版）

な感じで、ヒョイヒョイ、ヒョイヒョイと一人で動いていました。身軽《みがる》なんですよね。

愛染　はい。

大川隆法　さらに、柳井さんのほうは、待合室で、電話でまくし立てていました。

うーん、どうなのでしょうか。商人としての根性《こんじょう》というか、「商売人をしている」という気持ちを持っているんでしょうかね。

そういう、大会社の社長という感じには見えないような動き方で、とても軽快な動き方をしていました。

やはり、「商人というものは、あまり腰《こし》が高いといけない」という感じがあるんでしょう。

柳井正氏の守護霊霊言が収録された『ユニクロ成功の霊的秘密と世界戦略』（幸福の科学出版）

謙虚《けんきょ》で気さくな経営者の鑑《かがみ》・松下幸之助《まつしたこうのすけ》

愛染　全般《ぜんぱん》的に、超一流の方は〝気配《けはい》〟を感じなかったように思います。

大川隆法　気配を感じなかった?

愛染　はい。非常に謙虚《けんきょ》でいらっしゃったり。

大川隆法　ああ、そうですか。

愛染　私は、松下幸之助《まつしたこうのすけ》さんをお乗せしたことがあったんですけれども……。

大川隆法　それはよかったですね。

愛染　はい。松下さんは、目立たない方でした。

大川隆法　ああ。

愛染　関西弁の秘書さんを一人連れて乗ってこられたんですが、松下幸之助さんのバッグの取っ手が一つ取れていて、ガムテープで付けてありました（笑）（会場笑）。それを秘書さんが抱《かか》えて持ってきていたんです。

大川隆法　おお。それは、「もったいない」という精神でやっているのでしょうか。

愛染　どうでしょうか。ただ、こだわっておられない感じがしました。

「気さくな感じ」で、スチュワーデスにも、非常に気さくに接してくださって。

大川隆法　あの人は、「生きている姿そのものが商売の鑑《かがみ》のような人」ですからね。本当に腰が低いですすね。

愛染　そうですね。

大川隆法　対照的《たいしょうてき》なのは、あなたがおっしゃるように、評論家なんかで、ちょっとテレビなどに出たりして勢いよくやっているような人です。

そういう人を見かけたこともあるんですが、見送りの人が来ているときには、ガッと胸を張っていました。

ところが、見送りの人たちが帰って、新幹線に乗ったあとは、急にストンと肩《かた》を落として、小さくなって、(書き物をするしぐさをしながら)コショコショしていたんです。

愛染　うーん。

大川隆法　あまりの〝落差《らくさ》〟の激しさに、ちょっとびっくりしました。他人《ひと》が見ているときと見ていないときとでは、落差があるような人で、驚《おどろ》いた覚えがありますけれども。変わるんですね。

飛行機のなかで見かけた政治家たちの意外な姿

愛染　そういう意味で、超一流のクラスの方々は、全般的に、非常に謙虚で、静かで、美しい方が多かったです。何と言うのでしょうか、本当にお姿が美しいんですよね。

大川隆法　うーん。自然にそういう感じになるのでしょうか。

愛染　ええ。だから、名簿を見なくても、お客様を見ていると、「あっ、この方は、たぶんＶＩＰだ」と、すぐに分かります。

大川隆法　ほお。

私は昔、あなたが当会に来るころぐらいまでは〝有名〟だったようです。当時、飛行機に乗っていると、周りに政治家などが必ず乗っていたのですが、通路を行ったり来たりするおじさんがいたんです。「この人は、何だろう？　さっきから、通路を行ったり来たり、行ったり来たりして。私に話しかけたいのだろうか。どうなのかな？」と思っていましたが、どうも、その人は参議院議員だったらしいのです。

私は、その参議院議員の顔と名前が一致《いっち》していなかったので知らなかったの

「美の伝道師」となるヒント

超《ちょう》一流のクラスの方々は、全般《ぜんぱん》的に、
非常に謙虚《けんきょ》で、静かで、
美しい方が多かったです。
（愛染）

ですが、どうも彼は、「大川隆法に、一言《ひとこと》、挨拶《あいさつ》すべきか、すべきでないか」と迷って、行ったり来たりしていたらしいということが、あとで分かりました。
議員の顔は、意外に分からないんですよね。そのように、緊張して行ったり来たりしている人がいました。

愛染　ああ。ファーストクラスに慣れていない方は、落ち着かなかったり、やたらとお酒を飲まれたり、やたらと食事を召《め》し上がったりされます。

大川隆法　そうなんですよ。数年前に見た民主党の大臣などもそうでした。

愛染　（笑）

大川隆法　私はすぐ横に座っていたのですが、私が分からなかったのか、スポーツ紙を読んで、お酒をガブガブ飲んだあと、酔《よ》っ払《ぱら》ってガーガーと寝《ね》ていました。

愛染　（苦笑）

大川隆法　しかし彼は、降りる段になって私がいたことに気がついて、慌《あわ》てて走ってトイレに逃《に》げ込んでいったのを目撃したことがあります。そういう某《ぼう》大臣がいましたね。

愛染　（笑）

大川隆法　飛行機に乗っている間、〝ただ酒〟か何か知りませんが、お酒をガボガボと飲んで、スポーツ紙ばかり読んでいたところを見られていたとは知らなかったようです。
まあ、不思議ですね。けっこう油断しているんですよね。

愛染　ええ。そうですね。

4 「一流」はオーラをどう見せるのか

〝配慮《はいりょ》〟がとても上手な幸福の科学の会員たち

司会　「超《ちょう》一流と二流のオーラの違《ちが》い」というようなお話を頂いて、たいへん勉強になったのですけれども……。

大川隆法　「美の伝道師」についての話ではない、と?

司会　いいえ、そんなことはありません（笑）。オーラのお話をお伺《うかが》いしてみたいなと思いまして。

大川隆法　ええ。

司会　超一流の方が醸《かも》し出す「美のオーラの正体」とは、どのようなものなのか。先ほど、愛染理事は、「謙虚《けんきょ》さ」などを挙げていましたが、美のオーラの正体について、大川総裁は、どのようにお考えでしょうか。

大川隆法　何でしょうね。

当会の会員も増えてきているので、実は私も、いろいろなところで、彼らに会っているらしいんですよ。ときどき、時間がたってから、そういう報告が回ってくることもあります。要するに、「(大川総裁を）あそこで見た」とかいう情報が、たまに入ることがあるわけです。

ただ、当会の会員さんは、よくできた人ばかりで、こちらが散歩していたり、本を買いに行っていたり、映画を観《み》ていたりするところに出くわしても、「邪魔《じゃま》してはいけない」と思っているから、非常に物腰《ものごし》が柔《やわ》らかくて、それとは分かりません。つまり、会員さんは、知らないふりをして、上手に過ぎ越《こ》すんですよね。だから、それを見つけるのは至難の業《わざ》です。

例えば、私が、オープンカフェになっているようなところの近くを通ったとしましょう。すると、コーヒーを飲みながら何かを読んでいる人の顔が上がり、その目が一瞬《いっしゅん》、留《と》まったりするときがあるんです。それは、たいていの場合、当会の会員なんですよ。ただ、目が一瞬留まるけれども、また、「普通《ふつう》」にします。それが、当会の会員さんのやり方なんです。何も言わないし、何も示しません。こちらを〝びっくり〟させないようにするんですよね。

だけど、情報はきちんと取っていて、その後、聖地・四国正心館《しょうしんかん》に研修を受けに行ったときに、わざわざそんな話をしていったりするので、そちらから情報が入ってきたりすることがあって(笑)。「見つけた」とか、「あそこで見た」とかいうような話が、私のところに入ってきたりします。

幸福の科学の会員さんは、「よくできた人」ばかりですね。本当に感心します。私たちは、そんな感じではなかったのでね。（遠くを指差すしぐさをしながら）「おっ、見つけた！」というような感じでやっていたレベルなので（苦笑）、知らん顔できるというのは、すごいですよね。

愛染　ええ。そうですね。

大川隆法　宗務《しゅうむ》本部長なども素晴《すば》らしいですよ。ローソンでお昼のお弁当を買って歩いている際に、私たちに会っても、（顔を背《そむ》けながら笑顔で）「ははははっ」と〝知らん顔〟をして、ごく自然に通っていきます（笑）（会場笑）。

愛染　（笑）

大川隆法 あるいは、秘書の部長が、休日に奥《おく》さんと一緒《いっしょ》に歩いていても、私たちに出会うと、奥さんを〝捨て〟て、どんどんどんどん前へ歩いていったり、〝知らん顔〟して行ってしまったりもしますね。

みなさん、すごく〝配慮《はいりょ》〟ができる方ばかりのようです。

愛染 （笑）そうですね。

大川隆法 〝かっぺ〟ではないんですね。きっと洗練《せんれん》されているんだと思います。大名行列《だいみょうぎょうれつ》型の「ゼウス型」と、〝見えない動き方〟をする「ヘルメス型」

愛染 芸能人などを見ていると、ものすごくオーラを発している方がいることはいるのですが、飛行機のなかで見ていても、全然、オーラを感じない大スターのような方も、たまにいらっしゃいます。「あれは、かつらだったんだな」という、そういう方とか……（笑）（会場笑）。

大川隆法　（笑）ああ、なるほど。

うーん！　厳しいなあ。

愛染　申し訳ありません（苦笑）。

ちなみに、一度、飛行機のファーストクラスを、〝全部買い取って〟乗ってきた方がいました。それは、創価学会の池田大作《いけだだいさく》さんだったんです。

大川隆法　ああ。それは、創価学会とオウムにしかなかった現象ですね。オウムも、スリランカへ行くときに、ファーストクラスを全部、買い占《し》めたことがあるようです。

愛染　そうですね。そのとき、池田さんは一人で座《すわ》って、もう一人、ＳＰのような人を連れていました。

大川隆法　うん。

愛染　私も興味がありましたので、ちょっと見に行ったんです（笑）（会場笑）。

大川隆法　見に行った？

愛染　はい。「どんな方なのかなあ」と思って見に行ったら、オーラというのでしょうか、ものすごく目立つ方だったんです。

大川隆法　目立ちましたか。

愛染　ええ。体も、ある程度、大きい方だったからだと思うんですけれども……。

大川隆法　横幅《よこはば》がけっこう広かったと思いますが。

愛染　はい。「あそこまで目立つんだったら、やっぱり、ＳＰがいないと危ないんだろうな」という感じがしました。

大川隆法　飛行機だから、そうしたのでしょうか。新幹線の場合、グリーン車の半分ぐらいを買い占めているようですね。「職員が行くとお金がかかるから、在《ざい》家《け》のボランティアが周りに座って席を埋《う》める」というようなことを聞いたことがありますけれども。

愛染　ええ。

大川隆法　半分、「お召《め》し列車」のようにするわけですね。そういうことを聞いたことがあります。

まあ、他所様《よそさま》のことは、よく分かりませんけれどもね。

例えば、創価学会ではなくて、政党のほうですが、公明党の幹部が駅のホームで、正心宝《しょうしんほう》（幸福の科学の宝具の一つで、首にかけて身につけるもの）を着けた幸福の科学の会員が周りを歩いているのを見ると、「うわっ、幸福の科学が来た！」とか言って、緊張《きんちょう》したりしているらしいと聞くこともあります。

愛染　（笑）

大川隆法　お互《たが》い、違うように見えるのかもしれないので、まあ、分かりませんけれどもね。

愛染　はい。

大川隆法　やり方はいろいろありますが、あちら側は、「ゼウス型」でやっていると思うんです。ゼウス型とは、「大名行列型《だいみょうぎょうれつがた》」で、威嚇《いかく》、警備しながら、存在していることを、けっこう見せるタイプですね。

私のほうは、どちらかというと、「ヘルメス型」で、〝見えない動き方〟をします。こういうのは、作家などが好きなスタイルですよね。自分の姿を見えないようにしないと、周りが見えませんので。

愛染　そうですね。

●ヘルメス　一般にはギリシャ神話におけるオリンポス十二神の一柱とされているが、霊的真実としては、4300年前、「愛」と「発展」の教えを説いた宗教家にして、地中海に一大繁栄圏を築き、西洋文明の源流となった実在の英雄。当時、ギリシャ全土の実情を見るために、身分を隠してよく旅行をしていた。現在では「旅行の神」とも言われている。地球神エル・カンターレの分身の一人。

大川隆法　こちらのほうがギラギラ見えていると、周りの視線ばかり集まって、周りが見えなくなるので、できるだけ自然に行くようにしています。ただ、これは、その人のタイプによるのでしょう。

作家的な資質を持っている人は、おそらく、そちら（ヘルメス型）のほうが好きだと思います。

確かに、票を取ったり、人気を取ったりしなければいけないようなところだったら、〝デモンストレーション〟をしなければいけない感じもあるのかもしれませんね。

愛染　はい。

「美しくいてほしい」と思われている有名人

大川隆法　でも、お笑い系の人など、人前《ひとまえ》で笑わせたりする人ほど、家では寡《か》黙《もく》になったり、機嫌《きげん》が悪かったりして、正反対になるとはよく聞きますね。

愛染　ええ。お笑い系の方も飛行機によく乗ってこられましたけれども、あまり冗談《じょうだん》が通じないような方が多かったかなと思います（笑）。

大川隆法　ああ、そうですか。意外に。

愛染　はい。「面白《おもしろ》くないなぁ」と思いながら（会場笑）、見たりもしていました。いろいろな有名人がいると思うのですが、やはり、そういう方が乗ってこられたときに、美しくなかったりすると、いちばんがっかりしてしまうんですよね。

大川隆法 厳しいなあ！

愛染 「こんなに有名なのに、もう少し美しくいていただければいいのになあ」と思うことが多かったですし……。

大川隆法 なるほど、なるほど。

愛染 スチュワーデスのなかでも、そういう話題になっていました。「あれはないわよね」ということを言い合ったりして……（会場笑）。

大川隆法 私の秘書たちは、乗り物に乗ると、一斉《いっせい》に当会の本を読み始めるから、私の周りを、本を読んでいる人で囲んでいるような感じになる傾向《けいこう》があるので

（笑）、カモフラージュにはいいのかもしれませんが……（苦笑）。
うーん。けっこう見ているんですね。
以前、話したことがありますが、新幹線に乗っているとき、名古屋《なごや》から俳優のTさんが乗ってきて、私の前の席に座ったことがありました。彼は、いきなり、背もたれを後ろまでガーンッと倒《たお》して……。

愛染　ああ！

大川隆法　そして、四人組で座席を向かい合わせにして、ワアワアとしゃべっていたんです。途中《とちゅう》、何回もトイレに立つのですが、SPのように、もう一人の人がついて行き、行ったり帰ったり、行ったり帰ったりしていました。
私は、何だか落ち着かなくて。目の前まで背もたれを倒されているし、「それについて一言《ひとこと》も断りがなかったなあ」と思って……。

愛染 うーん。

大川隆法 その後、彼は、品川《しながわ》駅で降りたときに、やっと私に気がついたようです。新幹線を降りて、ホームを歩いたときに気がついて、窓の外から、(二度お辞儀《じぎ》をするしぐさをしながら) こうやって挨拶《あいさつ》していました (苦笑)。

愛染 (笑)

大川隆法 「しまった!」と思ったのでしょうね (笑)。

まあ、ああいう人も、大勢《おおぜい》の人気を集めてやる人だから、顰蹙《ひんしゅく》を買うのは困るのでしょう。

でも、そのように、彼はウロウロ、ウロウロ動いていました。人によって、いろいろだと思います。

愛染　そうですね。

超《ちょう》一流には「シンプルな人」が多い？

愛染　芸能人は、特徴《とくちょう》を出さないと売れません。「ほかの人と同じような感じ」と見られると、もう、その段階で売れなくなっていきますので、非常に、個性や癖《くせ》を出したがるところがあるんですよね。

大川隆法　なるほど。

以前、丹波哲郎《たんばてつろう》さんが生きていたときに、西荻窪《にしおぎくぼ》の駅前の（幸福の科学の）事務所のほうに来たことがありました。当時、私は、地下事務所のほうに出勤していたのですが、サングラスをかけた彼が、ヒョコッと、いきなり人生相談に来たことがあるんです。

ただ、サングラスというのは、顔を隠《かく》したいんだか、目立たせたいんだか分からないところがありますね（苦笑）。

愛染　ええ。

大川隆法　俳優の南原宏治《なんばらこうじ》さんも、当会の研修に来たとき、サングラスをかけたりしていましたが、目立ちたいんだか隠れたいんだか、よく分からないところがありました。

愛染　（苦笑）

大川隆法　確かに、そういう人たちは、難しいのでしょう。公私共々《ともども》、気が抜《ぬ》けないというか、緊張が抜けないのも困るんだろうし……。

愛染　そうですね。

大川隆法　ただ、〝怖《こわ》い〟のは、警察官とか、ホテルのフロントの人とか、ブランド店の営業のベテランとか、このあたりの人たちです。彼らは〝厳しい〟ですね。

要するに、どんな変装をしていても見破ってくるのは、このあたりです。やはり、普通の人に比べて、〝眼〟が格段にいいんですね。

愛染　そうですね。

一流の方には、一流のオーラがあるので、それですぐに分かります。

それと、（一流の方は）意外にシンプルな方が多いんですよ。

大川隆法 なるほど。

愛染 超《ちょう》一流の方というのは、ゴテゴテに装《よそお》っている方は少なくて、本当にシンプルです。

大川隆法 うん。

愛染 例えば、バッグでも靴《くつ》でも、長く使い込《こ》んでいらっしゃるような、そういうものをお召しになって来られる方が多いですね。

大川隆法 なるほど。意外にケチなのでしょうか。無駄《むだ》なお金を使わないのかもしれないですね。

5 「美」を理解するためには

「本物を見分ける」には、本物を見ること

司会　今のお話は、審美眼《しんびがん》についてのお話かと思うのですが……。

大川隆法　ああ、なるほど。そう理解していただいたわけですね。

司会　（笑）

ところで、大川総裁が説かれた、「美について考える」という御法話《ごほうわ》の冒頭《ぼうとう》において、「高級店から鑑定《かんてい》を頼《たの》まれたりすることがある」と……（『美について考える』〔宗教法人幸福の科学刊〕参照）。

大川隆法 （笑）あまり〝民主主義的〟ではないから、今言ってはいけないかもしれませんが……。

司会 そのようなお話も披露《ひろう》してくださっています。

本物の美を見分ける審美眼、あるいは、観察眼ともいえるかもしれませんが、そのあたりの価値基準などは、どのように考えたらよいでしょうか。

大川隆法 これについては、トートロジー（同語反復）というか、自己矛盾《むじゅん》するようなところがあるんですけれどもね。『日蓮《にちれん》の霊言《れいげん》』のなかには、「本物と偽物《にせもの》を見分けるには、やはり、本物を見ることだ」ということが書いてあります（『大川隆法霊言全集 第1巻』〔宗教法人幸福の科学刊〕第1章「日持の霊言」参照）。「じゃあ、それが本物だと、どうやったら分かるんだ」というような言い方もあるかもしれませんけれども（笑）。

例えば、アクセサリー等にも、イミテーションはいくらでもあるでしょう？ テレビなどに出る人たちは、たいていイミテーションで間に合わせていますよね。テレビに映る分にはそれでよくて、イミテーションか本物かは遠目に見て分からないものです。

ただ、はっきり分かるのは、本物を買って身につけ始めると、「イミテーションを見たら一瞬《いっしゅん》で分かる」ということです。本物を買っていない人には、イミテーションか本物かの区別はつきません。これは不思議なのですが、そういうところがあるんですよ。

服などでも、自分がそういう服を買っていれば、「このあたりの服だ」とか、「どこそこのものだ」とかいうことが分かるけれども、そういう趣味《しゅみ》がない人にとっては、それが分からないでしょう。

先日、ＨＳＵへ行き、法話をしたとき（「新時代に向けての『美』の探究――『幸福の科学大学創立者の精神を学ぶⅡ（概論《がいろん》）』第1章講義――」）、事前に、私

「美の伝道師」となるヒント

はっきり分かるのは、
本物を買って身につけ始めると、
「イミテーションを見たら一瞬《いっしゅん》で分かる」
ということです。
本物を買っていない人には、
イミテーションか本物かの区別はつきません。
（大川隆法）

の次男（大川真輝《まさき》）が学生に、「美について、どんな関心があるか」を訊《き》いてきてくれたんです。

そうしたら、「『シャネルについて知りたい』ということを言っている学生がいた」と言っていました。

私は、それを聞いたとたん、「シャネルかあ。学生では無理だなあ（苦笑）。学生ではシャネルは無理だよ。五十万円、六十万円以上の服だから、学生では着られない。それは、もう少し偉《えら》くなってから研究しないと。学生に、シャネルの服について話をしても分からないだろうなあ。なんで、これが六十万円するのかといっても分からないだろう。三万円の服と六十万円の服の違《ちが》いは、きっと分からないだろう」と思ったのです。

分かる人には分かる「物の値打ち」

大川隆法　私は、以前、「昔は、偉い人でなければ、美について語れるほどのものがつくれなかった。それには、富の集中が関係あるだろう」と述べました（前《ぜん》掲《けい》『美について考える』参照）。確かに、君主《くんしゅ》などだったら、お金があるからできたでしょう。

皇室も質素にやってはいるけれども、ここいちばんの大事なときには、きちんとしたものを着ますよね？

愛染　そうですね。

大川隆法　（秋篠宮《あきしののみや》家の）佳子《かこ》さまも、「質素にやっている」とは言われつつも、二十歳《はたち》になったときには、頭や首に立派なミキモト製のものを着けて行事に出席しています。そのように、必要なときにはきちんと出てくるようにはなっているのです。

佳子内親王の守護霊霊言が収録された『皇室の新しい風　おそれながら、「佳子さまリーディング」』（幸福の科学出版）

ただ、ある程度、それを知っている人にとっては、すぐにどういうものかが分かるのですが、分からない人には分かりません。

例えば、セブン-イレブンやイトーヨーカドーを率《ひき》いている鈴木敏文《すずきとしふみ》さんが、テレビにパッと映ったことがありました。彼は紺色《こんいろ》の服を着ていたので、一見、ほかの役員と同じような服には見えます。

ところが、よく見ると、スーツに金の糸のような縦線が入っていて、ところどころにチカチカとテカるものが入っているのです。これは、スターダストではありませんが、宝石の小さなかけらのようなものを織り込《こ》んだ糸でつくった服なんですよね。私だったら、それを見ればすぐに分かります。あの服だったら、最低でも、一着二百万円はするでしょう。

しかし、おそらくほかの人には、見ても分からないと思います。鈴木敏文さんは宝石が織り込んである糸を使ったスーツを着ていて、それは、見る人が見れば、値段まで分かるのです。やはり、「安売りをしている」といっても、オーナーになったら、それなりのものをしっかりと身につけているということです。しかし、分からない人にとっては、ほかの人と同じ紺色の服を着ているようにしか見えません。このようになっているのです。

愛染　はい。

世間《せけん》は宗教家の審美眼《しんびがん》・鑑定眼《かんてい》をどう見ているか

大川隆法　今、日本の社会でも、アメリカの社会でもそうでしょうけれども、ある程度偉くならないと、収入がついてこないわけですが、収入がついてくると、高価なものを選んで着られることもあります。また、そういうものを着けたり、着たりするようになると、ほかの人のものを見ても、だいたい、どのランキングのものかが分かることはあるかもしれません。

ちなみに、外側の世界にいる人などは、私を、やや過大評価する傾向《けいこう》があって、勘違《かんちが》いしているのではないかと思うのですが、「値打ちものを見たら分かるのではないか」と思うらしいのです。そして、「見てください。どう判断しますか」というような感じで鑑定の依頼《いらい》をしてきます。

それに対して私は、「この値段は高すぎるから、あと、このくらい引いたほうがいい」というようなことを言ったりすることはあるのですが、実際は、そんなに分かるわけではありません。

この前、「5→9～私に恋《こい》したお坊《ぼう》さん～」というテレビドラマが始まっていたので、少し観《み》ていたのですが、山下智久《やましたともひさ》が演じる〝毛坊主《けぼうず》〟、髪《かみ》を生《は》やしたお坊さんが、石原《いしはら》さとみが演じる桜庭潤子《さくらばじゅんこ》に、「結婚《けっこん》してさしあげます」などと言っていました。跡継《あとつ》ぎのお坊さんなのでしょうが、「プライベートジェットを持っているお寺」というのですから、「これは〝ごっつい〟な。ちょっと、すごいな」と思います。普通《ふつう》は、なかなかそれほどの金と権力はないだろうとは思うのですが、世間《せけん》では（宗教が）そのように見えているところもあるのかもしれません。

とにかく、趣味《しゅみ》があれば、「物のよし悪《あ》し」が分かることもあるでしょう。また、自分が買う範囲《はんい》の物ぐらいまでは、だいたい、分かるようになってくるところはあります。

以前、あなた（愛染）も、言っていましたよね。「当会の支部長さんに、ある会社の社長さんを会わせようと思っている。でも、向こうが立派な服を着ているのに、言ってはいけないけれども、当会の支部長は、どうもAOKI《アオキ》の吊《つ》りのスーツを着ているようだから、恥《は》ずかしくて会わせられない。おそらく、相手の社長がいい服を着ているのが分からないのではないか」というようなことを、〝疑い〟を持って言っていたのを覚《おぼ》えています。

愛染　ああ、そういうこともありましたね（笑）。

大川隆法　私はそれを聞いて、「なるほど」と思いつつも、あまり言われると、支部長の給料を上げなければいけなくなって苦しいので、知らん顔をして過ごしたのです。

愛染　（笑）

大川隆法　そのあたりは、どうなんでしょうかね。

愛染　すみません。失礼いたしました。

大川隆法　いえ、在家《ざいけ》のほうが金持ちで別に構わないのです。まあ、それは、しかたがないでしょう。

愛染　そうですね。

富が集まるアメリカから「美的センス」が感じられない理由とは

愛染　「富と美」というのは関係があるとは思うのですが、私が一つ疑問に思っていることがあります。アメリカは今、世界でいちばん繁栄《はんえい》している国だろうと思うのですが、なぜか、「芸術的なところ」とか、「美的センス」とかがあまり感じられないのです。実用性や機能性のほうをとても重視しているのだとは思うのですが、あれだけ富が集まっている国なのに、どうして美的なところが感じられないのでしょうか。

大川隆法　それは、単に「歴史がない」からですよ。古代と中世がないのです。「古代と中世がない」というのは、つまり、「王様がいなかった国だ」ということですよね。

アメリカは、王様がいなかった国なので、君主の一流好みの経験が、文化としてありません。そのため、みんな、「サラリーマンで成功したレベルの成功」しか経験がないのです。

大統領だって、年収二十万ドル程度でしたから、今で言えば、二千万円ぐらいですよね？

愛染　はい。

大川隆法　それで考えると、日本なら、大手の部長ぐらいの収入ですよ。小さい会社であれば、社長で年収が一千五百万円から二千万円ぐらいの人もいますが、アメリカの大統領は、その程度の、いくらでもいるような収入層に当たるわけです。これで贅沢《ぜいたく》できるはずはないですよね。

愛染　ええ。

大川隆法　また、日本の官僚《かんりょう》のトップである事務次官というのも、だいたい二千万円程度だと思いますが、そのレベルと変わらないわけです。

そういうわけで、大統領であっても、「君主」や「王様」のレベルとは違います。やはり、一般的《いっぱん》に見ると、発展した国で言えば、「中産階級」の生活レベルで生きているのです。それも任期の間だけで、辞《や》めたら、あとは、「普通の人」になってしまいますからね。

簡単には学べない「王室の文化」

大川隆法　やはり、王家が何代も続くと、「富の蓄積《ちくせき》」がありますし、それから、先代が後世の者に、いろいろと贈《おく》っていくものがありますからね。

以前、「愛・地球博」を愛知《あいち》県でやっていたときに、ネパール寺院を買い受けたことがありました。そのときに、いろいろなものを売ってくれたのですが、ネパールの王室が潰《つぶ》れてしまったために、〝蔵《くら》出《だ》し物〟のお宝がたくさん出ていて、宝石などを、手づかみでホイッと投げているような状態でした。

まあ、没落《ぼつらく》していると、そのようになるのかもしれません。王室が続いていたうちはもっていたのでしょうが、潰れたら、あとは、「二束三文《にそくさんもん》」ではありませんが、「売り飛ばす」という感じになっていました。

いずれにせよ、王室などの文化が続いていたところには、ある程度、蓄積があって、そういうものが溜《た》まるのですが、「ないところにはない」のです。

やはり、アメリカは、歴史的にわずか約二百五十年の国なので、そういう経験

ネパールは国内最古のハラティ・マタ寺院を復元して「愛・地球博」に出展。博覧会後、幸福の科学が寺院や仏像等を取得し、総本山・正心館境内の「ネパール釈尊館」内に展示している。（上：館内写真）

がないんですよね。それがやはり、大きいと思います。

また、「それを学べるか」といっても、一代限りで出てきたものが多くて、そう簡単に学べないんですよね。せいぜい、石油財閥《ざいばつ》や鉄鋼財閥程度が二十世紀に出てきたぐらいであって、なかなか三代以上は続かないことが多いわけです。

したがって、彼ら（アメリカの富豪《ふごう》）の贅沢は、先ほど言った、「プライベートジェットを持つ」とか、そんなようなものなのです。

ビル・ゲイツあたりでも、確か、湖の畔《ほとり》に家を建てていると思いますが、機能性の高いものを持っていて、いろいろなものがスイッチ一つで動くようにはなっています。ドアがバーッと自動で開《ひら》いたり、来た客の好みを覚えていて、映像に合わせて音楽が流れたりするような家には住んでいるのです。ただ、値段的に見たら、それほど高いものではないですね。そういうところに住んでいるわけです。

やはり、「アメリカはプラグマティックだ」と言われていますが、どうしても実用性から抜《ぬ》けられない面はあるのでしょう。というのも、アメリカは、ほとんどがイギリスからの脱出民《だっしゅつみん》で出来上がっている国だからです。ピューリタン（清教徒）がイギリスから亡命《ぼうめい》してアメリカへ来たわけで、金持ちが逃《に》げてきたわけではないんですよね。どちらかと言えば、「貧乏《びんぼう》な階級が、新天地で豊かになろうと思って、チャンスを求めてやってきた」というのが本質なので、元は、貴族ではなかったような人たちが来ているんですよ。

そういう意味で、「まだ、もう少し歴史が要《い》るのかな」とは思います。

やはり、ルーツは一緒《いっしょ》でも、イギリスなら千年の歴史があるので、王室を中心に、あるいは貴族もいますので、やや違うものはあるだろうと思いますね。

王宮での生活を捨てて出家《しゅっけ》した釈迦《しゃか》

愛染　話は飛ぶのですけれども、仏教は、最初、糞掃衣《ふんぞうえ》（ぼろ布を洗ってつづり合わせてつくった僧衣《そうえ》）を身にまとうようなところから始まりました。そして、歴史がどんどん流れるにしたがって、大乗《だいじょう》的な流れが出てきて、豊かさもでき

愛読者プレゼント☆アンケート

ご購読ありがとうございました。今後の参考とさせていただきますので、下記の質問にお答えください。抽選で幸福の科学出版の書籍・雑誌をプレゼント致します。(発表は発送をもってかえさせていただきます)

1 本書をお読みになったご感想
(なお、ご感想を匿名にて広告等に掲載させていただくことがございます)

2 本書をお求めの理由は何ですか。

①書名にひかれて　②表紙デザインが気に入った　③内容に興味を持った

3 本書をどのようにお知りになりましたか。

①新聞広告を見て [新聞名:　]
②書店で見て　③人に勧められて　④月刊「ザ・リバティ」
⑤月刊「アー・ユー・ハッピー?」　⑥幸福の科学の小冊子
⑦ラジオ番組「天使のモーニングコール」　⑧幸福の科学出版のホームページ
⑨その他 (　)

4 本書をどちらで購入されましたか。

①書店　②インターネット (サイト名　)
③その他 (　)

5 今後、弊社発行のメールマガジンをお送りしてもよろしいですか。

はい (e-mailアドレス　)・いいえ

6 今後、読者モニターとして、お電話等でご意見をお伺いしてもよろしいですか。(謝礼として、図書カード等をお送り致します)

はい・いいえ

弊社より新刊情報、DMを送らせていただきます。新刊情報、DMを希望されない方は右記にチェックをお願いします。　□DMを希望しない

郵便はがき

料金受取人払郵便

赤坂局承認

6467

差出有効期間
平成28年5月
5日まで
(切手不要)

1 0 7 - 8 7 9 0

112

東京都港区赤坂2丁目10－14
幸福の科学出版(株)
愛読者アンケート係 行

ご購読ありがとうございました。
お手数ですが、今回ご購読いただいた書籍名をご記入ください。

書籍名

フリガナ お名前	男・女	歳
ご住所 〒　　都道府県		
お電話(　　)　―		
e-mail アドレス		
ご職業 ①会社員 ②会社役員 ③経営者 ④公務員 ⑤教員・研究者 ⑥自営業 ⑦主婦 ⑧学生 ⑨パート・アルバイト ⑩他(　　)		

ご記入いただきました個人情報については、同意なく他の目的で使用することはございません。ご協力ありがとうございました。

てきたわけです。

そのなかに、心を調《ととの》えるための●八正道《はっしょうどう》の修行《しゅぎょう》があるのですが、この「心の平安を求める」ということと、「美しくなる」ということとは、ハードルが一つ違うのかなと思うんですね。「心をきれいにし、調えること」と、「美しくすること」には、若干《じゃっかん》、違う部分があるように思うのです。

そこで、八正道によって心が調えられて平安になり、さらに「美の世界」に段階を上げていくために、その橋渡《はしわた》しになるような考え方というのは、何かございますでしょうか。

大川隆法　まあ、どちらかというと、〝逆流〟していますよね。お釈迦《しゃか》様は、もともと王宮育ちであって、「夏の宮殿《きゅうでん》」と「冬の宮殿」と、「春秋共用《きょうよう》の宮殿」という、三季《さんき》の宮殿を持っていたのです。そして、自分でも言っているように、高級品の代名詞であるカーシー産の絹織物以外、着たことがありませんでした。

●**八正道**　仏陀が説いた、苦を取り除き、中道に入るための八つの正しい反省法。「正見《しょうけん》(正しく見る)」「正思《しょうし》(正しく思う)」「正語《しょうご》(正しく語る)」「正業《しょうごう》(正しく行う)」「正命《しょうみょう》(正しく生きていく)」「正精進《しょうしょうじん》(正しく精進する)」「正念《しょうねん》(正しく念《おも》う)」「正定《しょうじょう》(正しく定に入る)」の八項目を点検する(『釈迦の本心』第2章「八正道の発見」、『太陽の法』第2章「仏法真理は語る」等参照)。

そのように、二十九歳《さい》までは、そうとう優雅《ゆうが》な暮らしで育ったのは間違いないのです。

それから、嘘《うそ》か本当か、数は正確には分かりませんが、仏典《ぶってん》には「侍女《じじょ》、五百人なりき」と書いてあるので、五百人の侍女がいたのでしょう。

まあ、「大奥《おおおく》三千人」にはちょっと勝てないですけどね。

愛染　（笑）

大川隆法　五百人の侍女に囲まれて育ったというのであれば、ある程度、優雅な暮らしをしているはずです。

そこから出家《しゅっけ》して、そうした生活を捨てることから始まりました。これは、普通の山中の自由修行者と同じ格好をしただけではありますが、「髪を剃《そ》って、貧しい服装をして、六年間の修行の間に悟《さと》りを開いた」ということになっています。

そして、そのときには、いわゆる五感、あるいは六感を通じての感性的な誘惑《ゆうわく》を断《た》つことを修行にしていました。

やはり、悟りに到《いた》る前提として、煩悩《ぼんのう》が燃え盛《さか》っていては、この世的な誘惑に勝てないので、食を細めて、どんどん痩《や》せ細っていったわけです。「水も飲むや飲まぬや」「粟一粒《あわひとつぶ》」というような感じの生活でしょうか。そのように、ガリガリになって骨が出ている仏像がありますけれども、血管も浮《う》き出ていて、死ぬ寸前ぐらいまで行っています。

ただ、そのときにつくられた反省法等が遺《のこ》っているので、みんな、だいたい、その最初の悟りに到るまでの過程をまねしようとして、同じようなことを考えるわけですね。

仏教は、どちらかというと執着《しゅうちゃく》を取り去っていく教えなので、「この世的なものに惹《ひ》かれないようにする」という傾向はあるでしょう。

美を求める際に「仏教的な考え方」が果たす役割とは

大川隆法　ですから、そうした「仏教の教え」と「美意識」とが一致《いっち》するかというと、必ずしも、しないだろうし、むしろ反対のことを勧《すす》めていますよね。

例えば、当時は、今のような火葬場《かそうば》があって、お墓《はか》がきっちりしているわけでもなかったので、死んだら大きな四角い穴を掘《ほ》って、そのなかへ死体をポーンと投げ込んでいました。布をグルグルと巻《ま》いた姿で放り込まれていたのです。

糞掃衣《ふんぞうえ》というのは、その死体に巻いている布を取ってきて、それを針と糸で縫《ぬ》って、つくり直して柿色《かきいろ》に染め、身にまとっていたものです。つまり、「体に巻けば服にもなるし、寝《ね》るときには、それを敷《し》けば布団《ふとん》代わりにもなる」というような状態の簡単な布であったのです。

仏教というのは、そうしたところからスタートしているので、美意識のほうに、「原始・八正道《はっしょうどう》」的な考え方をストレートにつなげるのは難しいかなとは思いますね。

ただ、逆に、心の面から言えば、「この世的なものに振《ふ》り回されていて、目が曇《くも》っている部分を澄《す》ませる」という意味での役割はあるだろうと思うんです。この世的に生きていると、外見や言葉など、いろいろなもので騙《だま》され、ごまかされ、迷わされるところがありますが、そういうもので騙されない、透明感《とうめい》のある心をつくることはできますので。

例えば、美を求めるにしても、その前の段階として、いったん、この世的な先入観や価値観、刷り込みのようなものを取り去らないと、新しく探究することができないかもしれません。「まずは否定があって、その次に肯定《こうてい》が来る」というところはあるでしょう。現在あるものをただ肯定するだけでは、やはり駄目《だめ》なのです。

おそらく、「美の革命家」においても、同じところはあるのではないかと思います。現にあるもの、みんなが「いい」と言うものをいったん否定するところから始まって、さらに、次に、「自分が肯定すべきものとは何かを見出《みいだ》していく」ということが、そこにあるのではないでしょうか。

「美の伝道師」となるヒント

仏教の教えと美意識とが一致《いっち》するかというと、
必ずしも、しないだろうし、
むしろ反対のことを勧《すす》めています。
ただ、逆に、心の面から言えば、
「この世的なものに振《ふ》り回されていて、
目が曇《くも》っている部分を澄《す》ませる」
という意味での役割はあるだろうと思うのです。
（大川隆法）

6 芸能界で個性を発揮するには

十八歳《さい》のときに「東映との契約《けいやく》」を打ち切った女優・小川知子《おがわともこ》

愛染　「いったん、この世的な色眼鏡《いろめがね》のところを取り外して、神のような心で物事を見ていく。考えていく。そして、生活していく」という修行《しゅぎょう》を、信者さんは一生懸命《いっしょうけんめい》されているとは思います。

ただ、これから芸能方面に行こうとしている人たち、あるいは、政治の方面で活動しよう、活躍《かつやく》しようとしている人たちが、結局、他との差別化を図《はか》りたいときに、〝丸くなる〟だけでは、なかなかその個性を発揮しづらい部分があるだろうと思うのです。

例えば、「自分の個性だ」と思って発揮している、いろいろなところを、「自我《じが》我欲《がよく》だ」と言われて、〝へこんで〟しまったりすることもあるのですが、そうした個性の発揮の仕方については、どのようにお考えでしょうか。

大川隆法　やはり、「選択《せんたく》」はあるのではないでしょうか。当会の芸能部門等でスターを目指す人でも、「これは絶対に出たくない」とか、「こういうものに出たい」とかいうような好き嫌《きら》いはあるように思うんです。

有名になれたり、美しさはあっても、「これには出られない」「これには出たい」というようなことを、けっこう頑固《がんこ》に思っているように、私には見えます。

愛染　はい。

大川隆法　最近、小川知子《おがわともこ》さんの守護霊霊言《しゅごれいれいげん》の収録もそろそろ考えなくてはいけないと思っていて（注。本対談後の二〇一五年十月二十七日、公開霊言収録六百回記念として、「女神《めがみ》の条件――女優・小川知子の守護霊が語る成功の秘密――」を収録した）、昔の作品を観《み》ているのですが、ほぼ五十年前のものが、いまだに売られています。

四十八年ぐらい前になるのでしょうか。十七、八歳《さい》ぐらいの小川さんは、とてもきれいなのです。もちろん、今もきれいですが、確かに、十七、八歳ごろなら、武井咲《たけいえみ》さんや北川景子《きたがわけいこ》さんに比べても遜色《そんしょく》ないなという感じがします。

愛染　そうですね。

大川隆法　あるいは、「日本のオードリー・ヘップバーン」と言えば、そのように見えるぐらい、かわいらしくて、とてもきれいなんですよ。これが、もう五十年近い昔だと思うと、ややショッキングな状態です。

彼女が東映に入ったときには、「青春ものに出す」というような契約《けいやく》だったのに、どうも、少し「いやらしげなもの」に駆《か》り出され始めたようなのです。

愛染　（苦笑）

大川隆法　そのため、彼女は、「契約と違《ちが》う」ということで、「十八歳のときに、その契約を打ち切った」というように言っているので、やはり、そのころから、そのへんについては、けっこう潔癖《けっぺき》だったのかなとは思います。

美しい女性が「和の美」を競演している〝大奥《おおおく》もの〟

大川隆法　ただ、私などからすると、彼女が「大奥《おおおく》㊙物語」や、主役を務《つと》めた「続・大奥㊙物語」のような映画に、十七、八歳で出ているのを観ると、成人向け映画ではありますが、別に現代の目で観れば、〝大奥もの〟とは言っても、全然いやらしくもなければエロチックでも何でもありません。ただ大奥の絢爛豪《けんらんごう》華《か》な感じ、女性たちの衣装《いしょう》の艶《あで》やかさがすごくきれいに出ているだけなのです。

身分のある女性たち、将軍の側室になるような人たちの着ている衣装をじっと見ていると、これを別の言葉で言えば、その和服の染め方というか色合いが、池で飼っている錦鯉《にしきごい》の姿によく似ているんですね。

錦鯉には、白いものから、赤白《あかしろ》のもの、金《きん》が入っているものまで、さまざまな色合いのものがいますが、いろいろな女性が着ている服が、みなちょうど、錦鯉のように見えてきて、「これは和の美なんだな」と思うわけです。

そのように、将軍家のような資金のあるところでは、美しい女性たちがさらに美しい衣装を着て、美を競演している部分があって、それは楽しいでしょう。

人生の栄光と悲劇を描いた「大奥《おおおく》㊙物語」「続・大奥㊙物語」

大川隆法　第一作の「大奥《おおおく》㊙物語」では、小川さんは主役ではなかったのですが、結局、火が出て、大奥が燃えてしまうような悲劇が起きます。このあたりは史実のようで、実際、そのとおりらしいのです。

そして、第二作の「続・大奥㊙物語」では、小川さんは将軍からいちばん愛されている女性になっているのですが、その将軍が心臓発作《ほっさ》で亡《な》くなって、次の将軍が出てくると、急に周りにいた取り巻《ま》きの女性たちが一掃《いっそう》されてしまいます。みな尼寺《あまでら》にぶち込《こ》まれるんですね。

みな白装束《しょうぞく》を着て、（合掌《がっしょう》した手をすり合わせながら）前将軍の菩提《ぼだい》を弔《とむら》うために、尼にさせられるのですが、そこから逃《に》げ出そうとする人や発狂《はっきょう》する人など、いろいろな人が出てきて、やはり悲劇が襲《おそ》ってくるわけです。

そうした栄枯盛衰《えいこせいすい》、非情にも、わが世の春から没落《ぼつらく》していくところを描いていて、大奥的な美を消すために、仏教的な尼修行のようなものを〝ぶち込んで〟きたりしているので、観ていて、「『この世的な絢爛豪華さや美しさ』と『悲劇や、諸行無常《しょぎょうむじょう》的な仏教的な移ろい』とは、ある意味ではセットなんだな」と感じるものがありました。

そのように、これらの作品には、殺人が出たり、火事が出たり、あるいは、「尼として一生、寺を出られない」などということが出たりします。要するに、上がり下がりがあって、「毀誉褒貶《きよほうへん》」「浮《う》き沈《しず》み」を経験しているところが出ていて、大奥といっても、それほどエロチックには見えませんでした。「けっこう、人生の栄光と悲劇のようなものを描いている」というようにしか見えなかったのです。

しかし彼女は、そのような路線が続くのは、あまり好きではなかったのでしょう。「青春ものに出たかったのに」というような感じで言っていたようです。そのとき、まだ幸福の科学はありませんでしたが、若いときに、そうした選択が働いたのだと思います。

当会の芸能系の人たちも、〝超《こ》えていい線〟と〝超えてはいけない線〟というように、やはり、適度に分けているようには見えます。声がかかっても、出たくないものは、避《さ》けているようには思うのです。

衝撃《しょうげき》的な作品だった、吉高由里子《よしたかゆりこ》初主演の映画「蛇《へび》にピアス」

大川隆法　最近、いろいろな研究をしていますが、女優●の守護霊も何人か霊言集に出てきたので、吉高由里子《よしたかゆりこ》さんなども気になって、少し研究はしています。

彼女の初主演作は、「蛇《へび》にピアス」という、金原《かねはら》ひとみさんの、芥川《あくたがわ》賞を取った衝撃《しょうげき》的な作品を映画化したものです。

あの小説については、確かに、まだ「文藝春秋《ぶんげいしゅんじゅう》」に載《の》っていたときに読んだ覚《おぼ》えはあります。ところが、あれを読んだあたりで芥川賞作品を読む気がなくなって、その後は、毎年の受賞作を読まなくなりました。「もう私は、この世界にはついて行けない」と思って、やめた覚えがあるのです。

やはり、この作品に描かれているのは、多少、気持ちの悪い世界ではあるでしょう。それも〝美〟なのかもしれませんが、「舌に大きなピアスを入れて穴を開け、ピアスを大きくしていくことによって、だんだん裂《さ》け目をつくって、最後に

● 2015年11月までに、菅野美穂、栗山千明、深田恭子、武井咲、ローラ、北川景子、綾瀬はるか等の守護霊霊言を収録し、書籍化している。

は、蛇のように舌を二つに割ってみる」というものです。

これは、今は特撮《とくさつ》で、CGか何かを使いながらできるのでしょうが、そうした舌をつくっていったり、耳やいろいろなところに象牙《ぞうげ》のようなものを通したり、背中に刺青《しせい》、入《い》れ墨《ずみ》を彫《ほ》ったりするような世界を描いた衝撃的な作品でした。

審査員《しんさいん》の〝おじさま〟がたは、ああいう渋谷《しぶや》の退廃《たいはい》的な若者像のようなものを見ると、新鮮《しんせん》に感じて、賞をパンッと出してしまう傾向《けいこう》が昔からあることはあって、出してしまうのですが、やはり、見ていて気持ちのいいものではありません。

吉高さんは、全体的に、私は「好評」というか、わりに「いい感じ」で出ているとは思うのですが、最初の主演作があの作品というのは、ややショックでした（注。直前に大怪我《けが》をされた吉高さんが、死ぬ前のチャレンジとして大胆《だいたん》に挑戦《ちょうせん》したとも聞いている）。あれは、彼女のヌードがなかったら、当たったかどうか

「蛇にピアス」（2008年公開／原作：金原ひとみ／「蛇にピアス」フィルムパートナーズ／ギャガ）

分からないような作品だなと思います。

やはり、背中に龍《りゅう》の彫り物をしたり、蛇の彫り物をしたり、舌を裂いたり、ピアスをたくさん耳に通したり、下唇《くちびる》の周りに通したり、いろいろしているのを見ると、ちょっと怖《こわ》いですね。

その吉高さんの相手役で、入れ墨を入れているヤクザみたいなチンピラが、まさかと思ったら、この前、「花燃《はなも》ゆ」（二〇一五年・NHK大河《たいが》ドラマ）で高杉晋《たかすぎしん》作《さく》役をやっていた、高良健吾《こうらけんご》君だったりします。

それから、やはり入れ墨を入れていて、これまたかなり〝イッてしまっている〟彫り物師を、なんと最近、ドラマ「探偵《たんてい》の探偵」（二〇一五年七月〜九月）で所長役だった人（井浦新《いうらあらた》）がやっているのです。そのように、「ええっ!? 言われなければ分からないよ」というような人が入れ墨を彫ったりしているわけです。

この作品は、かなりの退廃《たいはい》ぶりですが、これで主人公は「十代」という設定になっています。そして、そうした世界を描いた金原ひとみさんは、小説家として二十歳《さい》ぐらいで芥川賞を取りました。

驚《おどろ》いたのは、その後、「純情な作品」に戻《もど》っていること

大川隆法　映画の「蛇にピアス」は、二〇〇八年の作品ですが、これに出たあと、吉高さんが純情路線に乗り換《か》えて映画に出ているのは、やはり不思議に感じます。こうした衝撃的な作品に出てから、映画「僕等《ぼくら》がいた」（二〇一二年公開）（『青春への扉《とびら》を開けよ　三《み》木《き》孝浩《たかひろ》監督《かんとく》の青春魔術《まじゅつ》に迫《せま》る』〈幸福の科学出版刊〉参照）など、いろいろと純情な作品に出ているのを見ると、ある意味で、すごいなと思うのです。

そのあとで、NHKの朝ドラ（「花子《はなこ》とアン」）に出たり、純情路線のものに出たりしているので、これも

『青春への扉を開けよ
三木孝浩監督の青春魔術に迫る』
（幸福の科学出版）

「僕等がいた」前篇・後篇（2012年公開／原作:小畑友紀／「僕等がいた」製作委員会／東宝／アスミック・エース）

「魂《たましい》の力」なのかなとは思いますが、最初はとにかく、何でもいいので、とりあえず出なければいけなかったのかもしれません。衝撃的な作品で有名になったのでしょうけれども、そのあと、純情路線に戻《もど》っているので、そういうことができるのかと、やはり驚《おどろ》いてはいます。

私の家内《かない》（幸福の科学総裁補佐《ほさ》・大川紫央《しお》）が、以前、渋谷の西武《せいぶ》で吉高由里子さんと間違われたことがありました。それで私は研究しているわけですが、「蛇にピアス」を観て、「あなたもこれを勉強しなさい」と言って少し観せたものの、「そんなことは、できません」という感じのことを言ってはいました（笑）。

愛染　（笑）

ＮＨＫ連続テレビ小説「花子とアン」（2014年）では、『赤毛のアン』の日本語翻訳者である主人公・村岡花子役を好演した吉高由里子。

大川隆法　まあ、普通《ふつう》はだいたい、いったん崩《くず》れたものに出ると、もう元に戻らないのですが、そこからピュアなもののほうに戻ることもあるようです。

北川景子《きたがわけいこ》主演の映画「Dear《ディア》 Friends《フレンズ》」を観《み》て感じたこと

大川隆法　北川景子《きたがわけいこ》さんの初主演作は、明治大学在学中の二〇〇六年十月に公開された映画「チェリーパイ」だと思いますが、このときは、ケーキづくりの職人を目指す、非常に純情な女の子で出ています。

次の、二〇〇七年二月に公開された映画は、「Dear《ディア》 Friends《フレンズ》」という作品です。これはもともと小説で、マンガにもなっていると思いますが、原作は五十万部以上出た作品です。

彼女の役は、渋谷あたりで〝クラブのクイーン〟の

ケータイ小説を映画化した「Dear Friends」(2007年公開／原作：Yoshi／「Dear Friends」製作委員会／東映)

ようになっている〝ヤンキー娘《むすめ》〟です。高校生という設定ですが、彼女の〝ヤンキー姿〟もなかなか様《さま》になっています。金髪《きんぱつ》に染めて、かっこよく踊《おど》っていました。

ところが、ガンだということが分かって、転移した乳ガンを切除《せつじょ》しなければいけなくなります。つまり、片方の乳房《にゅうぼう》を切らなければいけなくなるわけです。それまでは、病院で抗《こう》ガン剤治療《ざいちりょう》をしていたのですが、そうすると毛が抜《ぬ》けていきますよね。そのため、病院がつらいから、抜け出して、またクラブに行くのです。そのときに、以前、彼女を好きになった不良の親分のような彼が髪《かみ》をつかんだら、長髪の髪がバサーッと抜けるように、かつらが取れて、あとは坊主《ぼうず》頭に少し毛が生《は》えているような頭が出てくるシーンがありました。

その後、手術をして退院し、その彼と再会して話をします。その彼は、「俺《おれ》は、好きな彼女が、例えば、交通事故に遭《あ》って顔が目茶苦茶《めちゃくちゃ》になろうと、体が不自由になろうと平気だよ」というようなことを言ったので、信じていたのですが、やはり、実際はそうではなかったようです。

その彼とホテルに一緒《いっしょ》に行って、「こんな体でも、私をまだ愛してくれるの?」というようなことを言って、乳房を切除した姿を見せるところが鏡に映っている場面が出てきます。すると、彼は、「うわっ」という感じで驚き、その夜、ホテルから逃げ出すシーンがありました。

「あの北川景子をもってしても、乳房を片方、切除したりしたら、ヤクザな彼でも逃げ出す」という、まさしく「美と醜《しゅう》」の問題がテーマになっているところが、その映画にはあったのです。

やはり、「あなたの心を愛している」とか、「あなたが好きだから、たとえ交通事故に遭って、体が不具になろうとあなたが大事だ」と言っても、外観が変わった場合には、愛が崩れていく姿というのはあるのだなと感じましたね。

何を「美」と感じるかは、「人間性」「人生観」とも絡《から》んでいる

大川隆法　先ほど述べた、吉高さんの「蛇にピアス」風の〝美〟は、気持ちの悪い美ですよね。入れ墨を入れたりとか、舌を裂いたりとか、気持ちの悪い、やや猟奇趣味《りょうきしゅみ》的な、昔で言うと「阿部定《あべさだ》事件」のようなつながりのものかと思います。あるいは、谷崎潤一郎《たにざきじゅんいちろう》の「細雪《ささめゆき》」のような、やや耽美《たんび》主義的なものも関係があるかもしれません。

そうした少し気持ちの悪い感じの美もあれば、病気や事故などで美しくなくなっていくものもあるのでしょう。

ただ、この美について、「精神性として、どういう価値を受けるのか」というようなところで感じる人はいるのではないでしょうか。

もし単に、「病気で醜《みにく》くなった人がどう生きるか」というようなことを描くのであれば、当会の芸術系の生徒や学生たちも、「人生の問題として捉《とら》える」とい

うかたちで、出演することができると思います。しかし、何か薬でもやっていそうな人たちの退廃した世界でのものなど、ちょっと変わった、気持ちの悪い美の世界であれば、入れないのではないでしょうか。

要するに、「人間性を向上させるようなもの、ないしは、人生観を見直すようなものが入っているかどうか」というようなことが、美醜を絡《から》めた問題にも、けっこう絡んでくるのかなという気はします。

「人間性を向上させるようなもの、ないしは、
人生観を見直すようなものが
入っているかどうか」というようなことが、
美醜《びしゅう》を絡《から》めた問題にも、
けっこう絡んでくるのかなという気はします。

（大川隆法）

7 現代的な美の基準を考える

「福山雅治《ふくやままさはる》ショック」にちなんで思ったこと

愛染　美というと、女性のものだと考える方がいらっしゃるんですけれども……。

大川隆法　なるほど。

愛染　「男性の美」というのもあると思うんですよね。

大川隆法　ありますね。それは、あるでしょう。

愛染　そうした「男性の美」というのを、どのようにお考えになっていますか？

大川隆法　いやあ、よく分からない。ちょっと教えてください。

愛染　いや、いや、いや。

大川隆法　どのように感じていますか？

愛染　それは、ぜひお教えいただければと思うんですけれども……。

大川隆法　いやあ、私もよく分からないんですけどねえ。

愛染　（笑）

大川隆法　例えば、あなたは「男性の美」というと、どのようなところをチェックしますか？　「スーツを見る」というのは、以前、聞いた覚《おぼ》えがありますし、靴《くつ》についても、どこかで言っていたような気がします。

愛染　（笑）そうですねえ。

大川隆法　髪型《かみがた》とか、そういうところはどうですか？　私などは、もう〝永遠の七三分《しちさん》け〟を小学校時代から貫《つらぬ》いているので……。

愛染　（笑）

大川隆法　時代がかっているんですが、最初、〝とっちゃんボーイ〟とか、いろいろ悪口《わるぐち》を言われていたのです。

ところで、最近、福山雅治《ふくやままさはる》さんが結婚《けっこん》したので、「福山雅治ショック」などと言われて、けっこう海外にまでその影響《えいきょう》が広がったりしていますが、私の家内《かない》も福山ファンだったらしいのです。以前、NHKの大河《たいが》ドラマ（二〇一〇年「龍馬伝」）で坂本龍馬《さかもとりょうま》を演じてくれたため、龍馬人気が上がったので、気に入っていたようなんですね（注。以前のリーディングのなかで、大川紫央《しお》総裁補佐《ほさ》の過去《かこ》世《ぜ》の一つは、坂本龍馬であることが判明している。二〇一一年六月十六日収録の「諸葛孔明《しょかつこうめい》／劉備玄徳《りゅうびげんとく》を求めて」）。

しかし、「福山さんも、育毛、増毛をしている」というような噂《うわさ》が流れると、やはり軽いショックを受けてはいました。それで私は、「勝った。こちらは、まだやっていないぞ。まだ自然毛でやっている。増毛、育毛はやっていない」と思ったのです（笑）。

愛染　（笑）

大川隆法　「福山さんは、四十代で、もう増毛、育毛に入っているのか。こちらのほうが、まだ頑張《がんば》っているな」と、私などは思ったほうではあります。

どのような男性に、女性は「美」を感じるのか

大川隆法　福山さんは、超《ちょう》イケメンだと言われていますし、佐藤健《さとうたける》君などもイケメンだと言われていますが、どういう人をイケメンと感じるのでしょうかね？

愛染　いやあ、それは人それぞれで……。

大川隆法　違《ちが》うのでしょうか。

愛染　どうなんでしょう。

大川隆法　まあ、人によって、好き嫌《きら》いは、多少、開きがあるのでしょうかね。

愛染　ただ、女性は、顔がいいとか悪いとかで、あまり判断しないと思いますね。

大川隆法　本当に？　それが〝公式的な見解〟なんですか。

愛染　ええ、それだけでは絶対判断しないと思います。

大川隆法　本当かなあ。（聴聞《ちょうもん》席を見て）今、喜んでいる男性だらけですよ（会場笑）。

愛染　ただし、美的センスのない方は不利だと思います。

大川隆法　美的センスのない人は不利ですか。うーん、厳しいね……。今のを聞くかぎり、「天から授《さず》かったものについては諦《あきら》めよ。ただ、後天的に努力せよ」という〝教え〟ですね。

愛染　ええ、そうですね（笑）。

というのは、先日の御法話《ごほうわ》（『新時代に向けての『美』の探究――『幸福の科学大学創立者の精神を学ぶⅡ（概論《がいろん》）』第1章講義――」質疑応答）のなかで、総裁先生は、「集団の美」ということをおっしゃっていました。

確かに、「軍隊の動き方が非常に整然《せいぜん》としていて、美しい」という美もあるとは思うのです。

ただ、逆に、そういう余裕《よゆう》のない「軍隊的な美」ではなくて、「自由の美」というものがあると思うんですよね。「ギリシャ的な美」といいますか……。

私は幸福の科学の仏法真理塾《ぶっぽうしんりじゅく》・サクセスNo.1《ナンバーワン》で何度かお話をさせていただいたことがあったのですけれども、そのときに子供たちが、あまりにも笑わなかったのです。

大川隆法　笑わなかった？

愛染　笑わなかったといいますか、真面目《まじめ》すぎて、余裕がなくて……。とにかく真面目なんですよ。

大川隆法　なるほど。

愛染　それに比べて、やはり、「自由の下《もと》の美」というものがあるのではないかと思うのです。「男性は男性らしく、女性は女性らしく輝《かがや》いて、それで、美しさを競《きそ》う」ということもあるのかなと思いまして。

「ユニセックス化」が進んでいる現代

愛染　今、ユニセックスといいますか、男性か女性か分からないような方も、たくさん出てきています。

大川隆法　うん、うん。多いですね。

愛染　また、セックスレスの時代に入っているとも言われていますけれども、「男性らしい美」「女性らしい美」については、どのようにお考えでしょうか。

大川隆法　確かに、ユニセックス化は少し進んでいるかもしれませんね。

例えば、顔はきれいでも、ややダンディーなところがあるというか、ピシッとしたところがある女性に人気があったりもします。あるいは、「クールビューティー」という言葉が当たっているかどうかは分かりませんが、男性的な、ピシッとした厳しい判断をしてくる感じの知的な女性にも、けっこう人気はありますよね。

また、男性の場合、今度は逆に、「女形《おやま》」というか、女性役ができそうな、きれいな顔立ちをしていて、優《やさ》しくて、「掃除《そうじ》、洗濯《せんたく》、料理、何でもござれ」というような雰囲気《ふんいき》が漂《ただよ》っているほうが、意外に人気があったりもして、昔の男性とは、やや違うところがあるのです。

そういう意味では、正反対のものを持っている人に惹《ひ》かれる気《け》が、少し出てきているのかもしれませんね。

特に、当会でも、若くして幹部を張る女性は、男性に負けないぐらいの強さをお持ちの方が、けっこう多いんですよ。

一方、男性でも、意外に女性的な面を持っているような人が、あまり嫌われなくて、長くやっているうちに、いつの間にか偉《えら》くなってくるケースもあります。

愛染　そうですね。

大川隆法　あまりに男男《おとこおとこ》している人は弾《はじ》かれてしまうようです。

愛染　ええ、女性から人気がなかったり……。

大川隆法　そう、そう。何か、うさんくさかったり、「大人気《おとなげ》ないな」という感じですかね。男男して、「黙《だま》って俺《おれ》について来い」というような感じのタイプの男性は、人気が出るかと思ったら、意外に弾かれてしまって、出世しない場合もあるんですよ。むしろ、女性的な面がある人のほうが、意外に〝長持ち〟していることがあります。やはり、調和するのでしょうか。

このあたりは不思議なところで、私もまだ解明不能なんですが、それが現代化なのか、本質的にそういうものがあるのか、分からないところがあります。

「女性的な美しさ」は男性の心を乱《みだ》す？

愛染　これは、〝文明実験〟なのかどうかは分かりませんが、「女性の美」「男性の美」というものは、これからどういう流れになるべきなのでしょうか。

大川隆法　それは、当会も迷っているかもしれませんね。

例えば、あなたも若いころから、美しいだけではなく、色っぽかったので、当会の管理職男性からは、現代的に言えば、パワハラ、ないしはセクハラに当たる〝ご指導〟を、そうとうお受けになったと聞いています。

愛染　（苦笑）

大川隆法　「その色っぽいのをどうにかしてくれ」「歯を見せて笑うな」「もうちょっと黒い服を着ろ」「紺《こん》にしろ」などと、いろいろなことを言われてきたのではないですか。

愛染　はい、言われました。

大川隆法　そうでしょう？

愛染　はい（苦笑）（会場笑）。

大川隆法　ただ、それらは、私から発信したものでは決してありません。

そこで、彼らがなぜそういうことを言うのか考えてみたのですが……。

愛染　「心が乱《みだ》れる」ということでした。

大川隆法　そうなんですよ。おそらく、「自分たちが、仕事ができなくなるから」ということでしょう。

愛染　はい。そういうことは、おっしゃっていました。ただ、そうなると、「女性的な美しさを、どう考えていったらいいのか」というところはあります。

大川隆法　そう、そう。そこは見解の相違《そうい》で、けっこうバトルはあったようですね。

愛染　ええ。特徴《とくちょう》を出さずに目立たないようにしていた、かつての当会の女性職員

大川隆法　例えば、私が面談するときに、女性職員が出てくると、みな〝葬式《そうしき》の服〟を着てくるんです。喪服《もふく》のような感じで、「真っ黒」で来るんですよね。「なんで、どの人もどの人も真っ黒けなの？　葬式ですか!?」と言いそうになってしまいます。

支部長交流会をしても、女性支部長がみな「真っ黒」で来るんですよ。

愛染　そうですね。

大川隆法　何か、〝お葬式の集《つど》い〟をやっているような感じなんですね。

さらに、先ほどあなたが言っていた、「サクセス№1で話をしても、誰《だれ》も笑わない」ということと同じで、支部長交流会で冗談《じょうだん》を言っても、誰も笑いません。みな、シーンとしています。

愛染　はい（笑）。

大川隆法　「目立ったら負け」という感じで、できるだけ目立たないように、〝無色透明《とうめい》〟のつもりでいるのでしょう（会場笑）。真っ黒で、男か女か分からない状態で、ユニセックス化して、ジーッと固まっているんですが、これでは全然面白《おもしろ》くありません。

一方、信者を相手にして話をすると、非常に面白いのです。反応がはっきり出て、みな好きなようにやっていて、いろいろなことを言うから、ものすごく面白いんですよね。

ところが、職員になると硬直《こうちょく》して、まったく特徴《とくちょう》を出しません。一生懸命《いっしょうけんめい》、他と違わないようにし始めるのです。

やはり、このへんの違いは難しいところですね。職員は〝永平寺化《えいへいじ》〟しているんでしょうか。

愛染　うーん……。ただ、信者さんからすると、職員がそうであると、非常に寂《さび》しいだろうと思うんですよね。

大川隆法　寂しい？　なるほど。

愛染　自分としては、もう少し自由に美を発揮していきたいし、それに、何と言うか、みすぼらしいと、伝道していても、「言っている内容はいいけど、あなたたちは、なんでそんなにみすぼらしいの？」と言われてしまうので。

大川隆法　あなたに「みすぼらしい」と言われると、厳しいね（会場笑）。

愛染　（苦笑）そうですか。

大川隆法　かなり堪《こた》えます。

愛染　いえ、いえ、いえ（苦笑）。「伝道中に、そう言われた」という信者さんもいらっしゃいまして。「言っていることは素晴《すば》らしいけど、あなたと一緒《いっしょ》にいても、豊かになれそうにないのよね」とか……。

大川隆法　確かに、「経営の法」や「成功に関する法」「お金持ちになる法」などを説くときは、みすぼらしい格好だと〝効《き》き目〟がなさそうな感じは多少あるかもしれませんね。

私服には自分の「美意識」が出る

大川隆法　ところで、昔、あなたから、「女性にも制服をつくってくれ」と何回か言われた覚えがあります。

やはり、スチュワーデスとかは、紺の制服でも、スカーフを巻《ま》いたぐらいで、けっこうきれいに見えますよね。便利で、人から叱《しか》られることもなく、美しく見えて、お客様にも好評ですし、内部でもいじめられずに、いい〝防御服《ぼうぎょふく》〟にもなるから、制服もいいのかなと思ったことはあります。

ただ、私が在家《ざいけ》時代に勤めていた商社は、女性もみな私服を着ていました。

もちろん、制服のところもあるんですよ。銀行なんかは、制服のところがけっこう多かったですが、やはり、個性差がよく分からないんですよね。顔は違うのだけれども、制服を着ると、みな似たような感じに見えてくるわけです。

おそらく、お金を扱《あつか》う仕事のところでは、そういう「個性的な美」を打ち出されると、犯罪を呼び込《こ》む誘因《ゆういん》になると考えて、なるべく、そういうふうに見せないように、制服にして目立たないようにしているのかなとは思いましたけど。ただ、私のほうは、周りが私服だったので、「私服を着ないと、自分の思っている美的観念、美意識を出せないのではないか」という感じを持っていたんです。例えば、「スチュワーデスをしている人でも、私服になってもきれいな人と、私服になると全然駄目《だめ》な人と、二種類いるらしい」ということを聞いたことがあります。

愛染　ああ、はい。

大川隆法　要するに、制服にすると、私服のときにどう見えるかが、分からないままになってしまいますよね。それで、当会では、私服のほうが多少はいいかなと思ったわけです。

ただ、そういう〝打ち込み〟はけっこう入るらしいので、私服で美しくなると、男心をくすぐっているように見えるのでしょうかね。

もちろん、今は女性も地位が上がって偉くなっているから、逆転している可能性もあります。もしかしたら、「美しい人」が、理事長以下、各セクションのトップを張って、「醜《みにく》い男をいじめている」という構造があるかもしれません。

愛染　（笑）

大川隆法　「育毛ぐらいしてこい！」というような流れになっているかもしれないですね。

愛染　いえ、いえ、いえ（苦笑）。

ただ、そういう意味では、職員は美意識を、もっともっと持ってほしいと思いますし、それが当会の発展にもつながるのではないかと思います。

時代や経済状況《じょうきょう》と相関《そうかん》する「美意識」

大川隆法　まあ、難しいところですね。

でも、お寺のお坊《ぼう》さんは墨染《すみぞ》めの衣《ころも》で統一されているように見えながら、いわゆる大僧正《だいそうじょう》系統になってくると、金ピカの高価な袈裟《けさ》を着ています。

例えば、私も母から、「真言宗《しんごんしゅう》のほうで葬式をあげたら、お坊さんは何百万円もするような金襴《きんらん》のお袈裟を着ている。それなのに、幸福の科学の支部長はスーツに半袈裟をかけてやるので、全然ありがたみがない」というようなことを言われました。それで、「本当にすみませんね」と言った覚えがあります。

愛染　（笑）

大川隆法　やはり、あちら（お寺のお坊さん）も質素だけとは言えないでしょう。おそらく、長く活動しているところは、階級に合わせて、どんどん高価なものを注文してつくっているから、「美意識があることはある」のだと思います。

あるいは、バチカンでも、偉くなれば、それなりに立派になってきていますよね。王様や帝《てい》王《おう》のような感じになってくるわけです。

こういう美意識のところは、その時代の客観的な立場や経済状況《じょうきょう》など、いろいろなものと相《そう》関《かん》するのかもしれません。

だから、教会とかお寺が「堕落《だらく》している」と

（右）高野山開創 1200 年記念大法会へ向かう真言宗管長と僧侶たち。
（左）ローマ司教教会会議に臨む第 265 代ローマ教皇。

言われると、今度は質素に見せるように努力するかもしれないし。まあ、権勢を振《ふ》るっているような時代になれば、ある程度、豪勢《ごうせい》に見えるときもあるのかもしれませんけどね。

まあ、そのへんはよく分からないのですが、ただ、何て言うか、〝生悟《なまざと》り〟なのにキンキラキンとしていると、何か、「堕落しているんじゃないか」というふうに見えるところはあるのかもしれません。

愛染　（笑）

8 「動のある美」とは

映画等で表現される「動のある美」

司会　これまで、「現代の美」について、さまざまにお伺《うかが》いしてきました。現代の、玉石混交《ぎょくせきこんこう》の美意識のなかで、「エル・カンターレ信仰《しんこう》を持つ私たちが伝えていく美」について、美を伝える者としての使命や心構えについて教えていただければと思います。

大川隆法　まあ、美といっても、「静止《せいし》した状態の美」だけが、すべてでもないのです。

もちろん、教会建築とか彫像《ちょうぞう》とか、そういう静止した状態での美というのはあるとは思うし、それを見るために来る観光客もいれば、お寺や教会に来る人もいます。だから、人の目を喜ばせたり、「別世界」というか、「この世ならざる世界」を感じさせるという意味では、静止した状態の美も仕事はしているのかなとは思うんですよ。

ただ、もう一つは、芸能活動もそうかもしれないし、芸術活動もそうかもしれないのですが、「動いていくなかで、つくっていく美」というか、「動のある美」というものがあって、そのなかで、「全体的に美しい」ということはあるのかなと思いますね。

例えば、同じ劇やお芝居《しばい》、映画、あるいはテレビの作品等でも、演じる人が違《ちが》えば全然違うものになってしまうことはありますよね。

愛染　はい。

大川隆法　「こんなものは、誰《だれ》がやっても一緒《いっしょ》かな」と思うようなものもあるのだけど、実際、「人が替《か》わってみたら違う」ということはあるんですよ。

まあ、変な例で申し訳ないのですが、「アンフェア」という映画で、四十二歳《さい》の篠原涼子《しのはらりょうこ》さんが、「雪平夏見《ゆきひらなつみ》」という女刑事《けいじ》役を演じていました。まあ、女優として見たら、いちばんきれいな時期は、もう超《こ》えているかもしれませんよね。

愛染　うーん。

大川隆法　また、迫力《はくりょく》は、ある程度ある人ではあったんですが、「捜査《そうさ》一課のはぐれ刑事《でか》で、女刑事だったら、誰でもこんな感じぐらいできるのかなあ」と思っていたんです。

ところが、この前、「アンフェア」の映画の新作が出たときに、〝つなぎ〟か何かでやったテレビドラマを観《み》たんですね（「アンフェア the《ザ》 special《スペシャル》『ダブル・ミーニングー連鎖《れんさ》』」）。それには、篠原涼子さんも先輩《せんぱい》として一瞬《いっしゅん》出たんだけれども、若い二十代ぐらいの女優が、雪平のような役（望月陽《もちづきあきら》）を演じていました。しかし、それがまったく様《さま》になっていなくて……。まあ、二十五歳ぐらいか知りませんが、「ああ、四十何歳の演技は、それなりに凄《すご》みがあったんだ」と感じましたね。

同じようなストーリーなのに、人を替えてみたら、まったく迫力がないんですよ。二十代の若くてきれいな人なんだけど、要するに、「ただの女性が演じている」という以外の何ものでもなかったので。

まあ、映画を目立たせるために、テレビは手を抜《ぬ》いて、安く仕上げたのかどうかは分かりませんが、その「個性の強さ」が出てこないために、作品として見たら不作だなということを明らかに感じました。

愛染　ああ。

大川隆法　やっぱり、「演じる人の力で作品が出来上がってくる」というところはあるのかなと思ったんです。

先ほど、オーラの話もあったけど、オーラだけではなくて、「その人が、どのように言葉を話すか」「体の動きで表現するか」、あるいは「相手との掛《か》け合い」など、そういうものの関係で、どのように物語全体をつくっていくかという「構《こう》成美《せいび》」といったものについても、この世的に努力する面は、そうとうあるのかなと思いましたね。

だから、「全体として見ても美しい」というかたちになる。

愛染　うん、うん。

現代小説が映像化されることで美しくなる理由

大川隆法　最近も言ったことがあるんですが（『職業としての宗教家』〔幸福の科学出版刊〕参照）、小説を読んでも、現代小説なんかは、あまり面白《おもしろ》くないんですよ。だいたい、さらっと読めてしまって、深みがないのが多くて、面白くないんですね。

ところが、映像にすると、ＣＧまで入ってきたりして、なかなか迫力があるので、現代小説の場合、「美」という観点から見れば、映像化した作品のほうが美しいものが多い。

やはり、俳優が一生懸命《いっしょうけんめい》に演じているということもあるし、ＣＧ効果とか、いろいろな特撮《とくさつ》とかが入ったりしているのもありますよね。さまざまなアングルから撮《と》るといった、監督《かんとく》の「カメラ美学」なども入るんだろうと思います。あ

『職業としての宗教家』
（幸福の科学出版）

るいは、「脚本《きゃくほん》の力」もあるのでしょうが、小説そのものよりは面白い。

だから、池井《いけい》戸《ど》潤《じゅん》さんの小説なんか、「テレビドラマにしたら何でもヒットする」と言われているので、今、出ずっぱりで、何でも当たりますよね。まあ、いずれ飽《あ》きられるときが来るかもしれませんが。

ただ、私などは、その小説を文庫本とかで読んだら、「何、これ?」というような感じなんです。もう、両手で、それぞれ別の小説が読めるぐらいの内容しかないようなものですよ。それが、テレビドラマにすると、ちゃんと〝当たる内容〟がつくれるわけです。

まあ、そうした映像、「カラーの色彩《しきさい》」と、「役者の表現力」、それから、「脚本の掛け合いのうまさ」や、「シチュエーション」、その「場所」でしょうね。そういったものをうまく入れることで、「情緒《じょうしょ》」をつくり出すことができるので、やはり、「表現美」としては、活字だけよりも上なのかなと思います。

愛染　はい。

大川隆法　また、同じく「表現美」として見た場合、映画とテレビドラマとがありますよね。ただ、テレビドラマにもいいものはあるのですが、映像として、役者の動きを研究するのであれば、テレビドラマよりは、映画を研究したほうがいいと思います。

要するに、映画の場合、すごく長い時間、ロケしているのを、だいたい二時間以内に縮めているわけですよ。二時間でまとめているんですね。

ところが、テレビの二時間というのは、けっこう冗長《じょうちょう》な部分があって、毎週連続するために、本来ならカットされるような部分というか、〝ふやけたもの〟がたくさん入っているんですよ。

愛染　うーん。

大川隆法　だから、本当に演技の勉強をしようとすれば、テレビドラマよりは、映画のほうで勉強したほうがいいだろうとは思うんです。

例えば、絵画《かいが》であれば一枚の絵として描くところを、動画で二時間以内につくっているわけですが、「そのなかに、ある意味で立体的な時間を含《ふく》んだ美が存在するのかな」というふうには思いますね。

愛染　ありがとうございます。

9 美しくなるためのダイエット法

「美」のためには、自分の体を使って実験することも必要

大川隆法　そういえば、「美星さんに、ダイエットはどうしたらいいのか、訊《き》いてほしい」と頼《たの》まれていました。あるいは、「食べても太らない方法とか、減量しても肌《はだ》が荒《あ》れずにきれいに見える方法などがあったら訊いてほしい」ということだったのですが。

愛染　（笑）

大川隆法　何かありますか？

愛染　いやあ、それは難しいんじゃないでしょうか。私も、そんなにスタイルがいいわけではないので。

大川隆法　いや、ご立派だと聞いてますよ。

愛染　うーん、何て言うんでしょうか……、糖質《とうしつ》（制限）ダイエットがいいんじゃないでしょうかね（笑）。

大川隆法　糖質……（笑）（会場笑）。

愛染　炭水化物を摂《と》りすぎると、それだけ体に溜《た》め込《こ》むということはあると思うので、私は、「糖質ダイエット」はいいと思います。

大川隆法　ただ、脳が動くエネルギー源は、実を言うと、糖分しかないんですよね。だから、「糖質ダイエット」をすると、頭が動かなくなる可能性があるんですよ（会場笑）。あれは、難しいですね。

愛染　まあ、それは、自分で時間を見ながら、そうなりそうになったときに、少量の果物《くだもの》とか、そういうかたちでお摂《と》りになったほうがいいのではないでしょうか。

大川隆法　なるほど。

ところで、北川景子《きたがわけいこ》さんは、地上で生きている本人も言っているし、守護霊《しゅごれい》も霊言《れいげん》で言っていますが（『女優・北川景子　人気の秘密』〔幸福の科学出版刊〕参照）、

『女優・北川景子
人気の秘密』
（幸福の科学出版）

食べても食べても太らないようです。あれは、どうなっているんでしょう。彼女は、撮影《さつえい》の合間にもパンをかじっているんだそうですが。普通《ふつう》は、そんなことありえませんよね。

愛染　ええ、ええ。

大川隆法　ところが、お腹《なか》が空《す》くので、「空いちゃったあ」と言って食べているようなのに、それで太らないわけです。

愛染　うーん。

大川隆法　「自分はエネルギー効率が悪いから、食べ続けないと演技ができないんだ」と言っているんですが、普通は、合間の時間などに食べていたら、どんどん太ってしまいますよ。それが、太らないらしいんですよね。

愛染　やはり、人によって、それぞれ体質が違《ちが》うので、自分の体で〝実験〟しないといけないと思うんです。

大川隆法　なるほど。

愛染　「これを食べたら、どういうふうな状態になったか」ということを、全部記録することですよね。例えば、「この時間にこれを食べると、こうなるんだな」ということを研究するのが、すごく大事だろうと思います。

大川隆法　うーん。

愛染　だから、カロリーだとか、そういうことばかり言わずに、いろいろな本を読んでみることです。そうするなかで、私は、「炭水化物を控《ひか》えるというのが、いちばんいいかな」と感じました。

あとは、油類ですかね。「良質の油を摂り続ける」ということが大事かと思います。

ダイエットには、人それぞれの〝企業秘密《きぎょう》〟がある

大川隆法　うーん。私なんかは、北川さんの反対で、たぶん、エネルギー効率がよすぎるのかなと思うんです。私も、カロリー計算はずっとしているんですが、私が食べている量を計算するかぎり、どう見ても、一日一一〇〇から一二〇〇キロカロリーぐらいしか摂っていないはずなんですよ。それで、全然体重の増減がないんですよね。

愛染　そうなんですか。

大川隆法　ところが、「今日は仕事をした日だから、特別サービスをしなきゃいけないな」という感じで、微《かす》かに〝お供《そな》え物〟が増えたりすると、てきめんに体重が増えるんです。だから、「要《い》らない」ということですよね。「なしでもやれる」ということを意味しているんです。

これは、本当に不思議ですね。それだったら普通はもたないので痩《や》せるはずなんですが、痩せません。

それに、頭を使うことがすごく多いし、本をよく読むので、糖分を適度に補充《ほじゅう》しなければ、頭が回らなくなるんです。だから、糖分は切れないんですよね。

まあ、よく分かりません。これは私では無理だと思うので、裕太《ゆうた》（大川家三男）に訊いたほうがいいでしょう。彼は、三十四キロのダイエットに成功していますからね。一回、しゃべらせる必要があると思います。

愛染　（笑）ええ、ええ。

大川隆法　どうやら、〝秘伝〟のものがあるらしいのですが、「しゃべったあとに太ったら駄目《だめ》だから、しゃべるのは困る」と言っているようなのです。

愛染　各人の〝企業秘密《きぎょうひみつ》〟ですから、そうそう簡単には……。

大川隆法　まあ、九十何キロから五十キロ台まで落として、活動はちゃんとやっていますから、あれは不思議ですね。

愛染　それはたぶん、コツをつかまれたのだと思います。

大川隆法　まあ、ジョギングはしていたみたいですけどね。
彼は、去年の夏、八月末から九月まで、一カ月ぐらいアメリカに行っていたのですが、アメリカに行ったら普通は太るじゃないですか。ところが、その間で二十キロほど落ちているんですよ。

愛染　うーん。

大川隆法　アメリカでは、ステーキとかハンバーガーとか、そんなものを食べていたようです。日本食なんか食べずに、そんなものを食べていたから、一時間から一時間半ぐらい走っていたようで、それで、かなり落としたみたいなんですね。
普通は、アメリカに行くと、十キロぐらい太るんですよ。

愛染　そうですね。

大川隆法　まあ、「体重コントロール」とか、それから「艶《つや》の出し方」とか、いろいろ難しいものがありますね。

愛染　はい。ただ、やり方はあると思います。

大川隆法　ああ、そうですか。

愛染　はい。〝企業秘密〟です（笑）（会場笑）。「美」を求めるには、まだまだ具体的な研究が要《い》る

大川隆法　まあ、これはまだまだ、具体的な研究が要《い》るんでしょうね。やっぱり、

各人が隠《かく》し持っているものなのかな。

例えば、吉永小百合《よしながさゆり》さんなんか、七十歳ぐらいになってもまだ美しいし。

愛染　はい。

大川隆法　ポスターとか、多少は、若いころのものを使っている可能性はありますが、たくさん、きれいなものを、東京駅とか、いろいろなところに貼《は》っていますよね。

また、小川知子《おがわともこ》さんも六十六歳ぐらいになられると思うけど、きれいですよ。

愛染　そうですね。

大川隆法　やはり、何か努力されているのでしょう。

愛染　かなり自分の体を使って〝実験〟していると思います。

大川隆法　ああ、なるほど。体を使って〝実験〟ね。

愛染　食べ物にしても、「これを食べるとどうなるか」というところや、あるいは、「この化粧品《けしょうひん》を使ったらどうなるか」というところも、やはり研究しますね。

大川隆法　うーん。まあ、個人差があるのでしょうか。

わが家《や》でも、家内《かない》に出されるお膳《ぜん》には、私の一・五倍ぐらいのものが載《の》っていることが多いんですが、向こうのほうが痩せるという不思議な現象が起きています。あれは、やはり、〝エネルギーの消費率〟でしょうかね。

愛染　うーん、人それぞれですから。「睡眠《すいみん》時間」もあれば、「何時に寝《ね》ているか」ということもあります。

大川隆法　ああ、なるほどね。あと、もしかしたら、私には、「無駄な動き方をしない」ということもあるかもしれません。

愛染　そうですね。

大川隆法　みんな、エクササイズというか、プラクティスというか、体を動かして、必ず何かやっていることが多いじゃないですか。

愛染　はい。

大川隆法　私は、全部、〝最短〟でやるんです。「そういうエクササイズもの、プラクティスものを、たくさんやった上で、本番」みたいなのがないんですよね。いきなり本番で、それで、〝最短〟の時間で全部終わらせるので。仕事でも何でも。

愛染　うーん。

大川隆法　余計な時間は、ある意味で〝コロコロ〟しているから、もしかしたらエネルギー消費がないのかもしれないなとは思うんですけどね。

愛染　ただ、お痩せになることは可能です。

大川隆法　そうですね。でも、ただ痩せただけじゃ駄目なんですよね。痩せてオーラが落ちることもあれば、「何か病気したんですか」とか言われるような痩せ方もあるでしょう。そういう痩せ方は望ましくないし。

愛染　はい。

大川隆法　「長生きするためには、小太りしたぐらいがいい」とか、「平均体重よりちょっとだけあるほうがいい」とか言われますよね。

それから、しわの問題もありますよ。やはり、「しわが出るか出ないか」の努力のところもあるので。

まあ、このあたりについては、〝企業秘密〟のところを、もっともっと集めないといけないのかもしれません。

ただ、各人、鋭意《えいい》努力することで、見た目の年齢《ねんれい》は、十歳《さい》も二十歳も変わることはあるし、場合によっては三十歳ぐらい変わることもあるということですね。

愛染　はい、そう思います。

「美の伝道師」となるヒント

各人、鋭意《えいい》努力することで、
見た目の年齢《ねんれい》は、
十歳《さい》も二十歳も変わることはあるし、
場合によっては三十歳ぐらい
変わることもあるということですね。

（大川隆法）

10 「美の伝道師」になるために

「神の美」と感じたものを発表していくことが「美の伝道師の使命」

司会　では、最後に、愛染理事の企業《きぎょう》秘密の一端《いったん》として、愛染理事の考える「美」ですとか、「美の伝道師の使命」について、お考えをお聞かせいただければと思います。

愛染　そうですね。私が、前の職場の訓練所で、教官からよく言われていたことは、「言葉は、あまり人に通じない」ということでした。いわゆる、「メラビアンの法則」というものを学ばせていただいたんです。要するに、「言葉だけで表現しようとしてもなかなか伝わりません。見かけだとか、声のトーンだとか、そういうところで、人は、あなたを判断します」ということですね。

「だから、まずその部分で、相手に愛を与《あた》えるなり、好印象を与えるなりすること。そのあとから人間関係の構築は始まるのです」というようなことを言われてきました。

　ですから、言葉だけで相手に伝えようとするのではなくて、美的意識を生かした立《た》ち居《い》振《ふ》る舞《ま》いですとか、言葉ですとか、そういうことを、まず念頭《ねんとう》に置いて、相手の心が開いた段階で人間関係を構築していくのが、とても大事なのではないかと思います。

大川隆法　うーん。

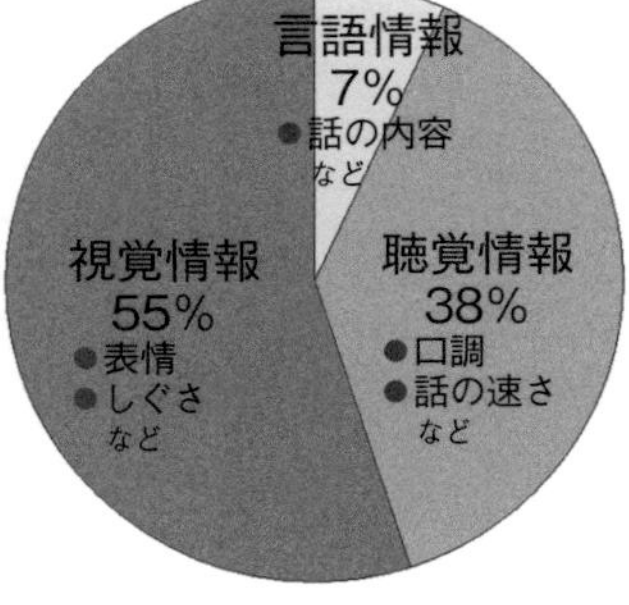

メラビアンの法則　アメリカの心理学者アルバート・メラビアンが提唱した概念。あるメッセージが発せられた場合、受け手は声の調子や見た目といったものを重視するといわれている。その割合は、言語情報（話の内容等）が 7%、聴覚情報（口調や話の速さ等）が 38%、視覚情報（表情やしぐさ等）が 55% であった。

愛染　やはり、「美の伝道師」というのは、お金だとか、そういうもので左右される人たちではないだろうと思うんですよね。「お金」も「時間」も「労力」も超《こ》えて、とにかく、「神の美」と感じたものを発表させていただくのが、美の伝道師のあり方ではないかと思います。

ですから、なかなか難しいですし、無力にも感じるのですが、やはり、「自分の美を通して相手に愛を与える」といいますか、そういうところが、もっともっとできていくといいのではないでしょうか。

大川隆法　うーん。

愛染　まずは、美意識を鍛《きた》えていただきたいと思います。

そして、美意識を鍛えるためには、「本物の美とは何か」を探究していただい

「美の伝道師」となるヒント

「お金」も「時間」も「労力」も超《こ》えて、とにかく、
「神の美」と感じたものを
発表させていただくのが、
美の伝道師の
あり方ではないかと思います。

（愛染）

て、その本物の美を、自分のなかに取り入れる努力をしていくことが大切だと思います。

今、大川総裁から、たくさんの教えを頂いておりますので、もしかしたら、心に余裕《よゆう》のない私たちになっている可能性もあるかもしれません。

たまには、芸術とか、五感を使った美というものを、自分のなかに取り入れるといいと思いますし、さらには、そういう五感を通した美というものを、多くの方に与えていただければいいなと思います。

「陰徳《いんとく》」が、その人の美しさとなって現れてくる

大川隆法　私が、宗教的に付け加えなくてはいけないと思うのは、「陰徳《いんとく》」の部分ですね。それを言わないといけないかと思います。その人の表面的に見える部分だけではなくて、人から見えていない部分に、どういうような隠《かく》れた徳があるか。それが滲《にじ》み出てくるというのは、あるのではないかと思うんですね。そ

して、そういうものが、「意外に大きな仕事をする」のではないでしょうか。

愛染　はい。

大川隆法　今朝《けさ》、出てくるときに家内《かない》と話したのですが、「美星さんとの対談だけど、何かあるか」と訊《き》いたところ、入局するときに、あなたの面接を受けたと言っていました。

愛染　ああ、そうでした。

大川隆法　あなたは、「女性でも活躍《かつやく》している人がいるんですよ」と言っていたそうですが、そのとき、坂本龍馬《さかもとりょうま》の話で、二人で盛り上がったそうですね。

愛染　はい。

大川隆法　その当時、家内本人は、龍馬との縁《えん》を知らずにいたわけですが、「あなた（愛染）が、坂本龍馬の命日《めいにち》には、お墓《はか》参りに行っている」という話を聞いたようなんです。

愛染　（笑）はい。

大川隆法　まだ、龍馬との縁がどうのこうのということを、彼女がまったく知らないときの話ですけど。

愛染　ええ。

大川隆法　それで家内が、「愛染さんは龍馬の命日にお墓参りしていたんですよ。うれしいです。やっぱり、そういうところに、隠れた努力があったんですね」というようなことを言っていました。

今どき、珍《めずら》しいことですよね。〝歴女《れきじょ》〟でもなかなか、龍馬の墓参りはしないかもしれません。

愛染　（笑）

大川隆法　だから、そういう陰徳が、別なところで、その人の美しさになって出てくるわけです。「物腰《ものごし》」や「話し方」、「心の動き方」に、美しさとして出るのかもしれません。

加賀屋《かがや》の「陰膳《かげぜん》」に感じられる、ありがたい心遣《こころづか》い

大川隆法　以前、北陸に行ったとき、有名な旅館で、加賀屋《かがや》というところに泊《と》まりました。かなりの集客力がある、日本一の折り紙付きのところです。

そこのエピソードに、「陰膳《かげぜん》」というものがあるんですよ。

それは、「ご主人を亡《な》くされた方が、加賀屋に泊まっていた。本当は一回、夫婦《ふうふ》で泊まりたかったんだけど、今はもうご主人がいないので、一人で泊まった。それを知った加賀屋は、亡くなられたご主人のためにということで、ご主人の分までお膳を用意してくれた」というような話です。

愛染　はい。

大川隆法　その「陰膳」の話が伝わっていき、全国に広がりました。「加賀屋と

「陰徳《いんとく》」が、別なところで、
その人の美しさになって出てくるわけです。
「物腰《ものごし》」や「話し方」、「心の動き方」に、
美しさとして出るのかもしれません。

（大川隆法）

いうところは、ずいぶん違《ちが》うんだ。亡くなったご主人も一緒《いっしょ》に旅行に来られたと思って、お膳をしつらえた」というようなことが噂《うわさ》で伝わって評判になったようです。そういう話が出ていました。

やはり、そうした、ちょっとした心遣《こころづか》いというか、そういうものはありがたいですね。

愛染　はい。

大川隆法　「奥様《おくさま》としては、ご主人と一緒に来たかったのだろう。生前、そう言っていたのに、やっと来れたときには、相手はいない。そこで、一緒に来た気持ちになってもらうために、そういうことをした」というのが、いい話として全国に伝わっていました。

そういう、目に見えないところで、さりげないサービスというか、心遣いをすることは、スチュワーデスであろうが、旅館のサービスの方であろうが、あるいは、秘書であろうが、女優や俳優であろうが、みんな、あるんじゃないですかね。

愛染　はい。

一流の俳優・女優に共通する評判とは

大川隆法　私は今、演技のうまいと思う俳優や女優について、いろいろ勉強しているのですが、映画を観《み》たあとに、そのメイキングビデオなども観ます。そして、いろいろな人の意見を聞いたり、インタビューを聞いたりしているわけです。ただ、観ていると、一流になっている人は、だいたい周りの評判がいいんですよね。「人知れず、いろいろな気配りをしてくれる」とか、「挨拶《あいさつ》がいい」とか。

愛染　うーん。

大川隆法　それから、「人に不安感を与えたり、きついことを言ったり、全然しない」とか、「とってもつらいはずなのに、まったくそれを感じさせない」とかですね。

主役級の人ですけど、ほかの人にも気配りをそうとうしていて、自分のことだけを考えずに、雰囲気《ふんいき》づくりとかを、すごくしておられる。それで、いつの間にか、全体のリーダーになっているわけです。「雰囲気をつくっている」というのか、ロケの一カ月間とか、みんなを引っ張って、自然にリーダーになっているというようなことがよく言われていますね。

やはり、「ただで主役なんか取れるもんじゃないんだな。多くの人の支持を受け、賛同を受けないとなれないんだな」というようなことを感じます。

愛染　はい。

大川隆法　あとは、「自分が輝《かがや》いていると思っても、自分だけの光で輝いているんじゃないんだ」ということですね。太陽のように光っているのではなく、「月のような部分」が多分にあるわけです。

最近出た能年玲奈《のうねんれな》さんもそうですが、「『あまちゃん』（二〇一三年・NHK連続テレビ小説）の主演をしてすごく人気が出たのに、お金はほとんど事務所に取られた。出演料の九割を事務所がピンハネして、自分には一割しか入らない」というようなことを、雑誌か何かで言っていました。「財布《さいふ》に五百円しか入ってないようなときもあって、これではパンツも買えない。それで、お姉さん役の人にお金を借りに行った」というようなことが書いてあったわけです。

愛染　ああ。

大川隆法　ところが、事務所から独立したら、仕事を干《ほ》されてしまい、まったく仕事が来なくて、今は苦戦しています。

やはり、ちょっとヒットしても、「自分の力だ」と思いすぎると、周りがパッと離《はな》れていくんですね。まあ、直接の事務所が離れていくのは当然だろうけれども、ほかの関係ない人たちは別だろうと思ったら、そうでもないということなんでしょう。

だから、一緒に仕事をしていた人たちからの評判が下がっていくと、ほかの人たちも、それを見て感じるものがあるわけです。そういうところはあるらしいのです。

「周りの方々の協力を得て成功しているのだ」という気持ちが大切

大川隆法　「自分だけの力でやっている」と思っているうちは、やっぱり駄目《だめ》ですね。

「美の伝道師」となるヒント

「自分が輝《かがや》いていると思っても、
自分だけの光で輝いているんじゃないんだ」
ということですね。
太陽のように光っているのではなく、
「月のような部分」が多分にあるわけです。

（大川隆法）

出世なら出世、成功なら成功、あるいは、技術が上がるなら上がったなりに、今度は逆に、「自分の技術の未熟なところや、仕事の未熟なところをいろいろな人がカバーしてくれて、応援してくれているんだ」ということに気がつかなくてはいけません。自分の美を引き立たせるために、「脇役《わきやく》」の方とか、「三枚目の役」をやっている方とかが、たくさんいるわけです。

そういう人たちが、場を盛り上げて、主役を引き立ててくれているところがあるのに、そのへんが全然分からないで、「自分がきれいだからやれているんだ」とか、「自分が美男子《びだんし》だからやれているんだ」とだけ思っていたら大間違いでしょう。

そうした、「脇役の方々の支えとか、あるいは舞台裏《ぶたいうら》の道具係から、いろいろな方々の協力を得て、これが成功しているんだ」という気持ちですね。

唐沢寿明《からさわとしあき》さんの「イン・ザ・ヒーロー」（二〇一四年公開の映画）と同じですよ。「周りの人がみんな応援してくれて、実は出来上がっているんだ」ということを

あとがき

本書でも語られている通り、愛染美星さんは、元ＪＡＬのＣＡとしてリーダー的な存在であった人である。また、当会の秘書部門に移ってからは、秘書のプロフェッショナルの条件とは何かを遺伝子《いでんし》として植《う》えつけた方である。

その安定感のあるマナー美を通して、万単位の大行事の際の私の「不動心」を支えてくれた。それは約七年間ぐらいだったろうか。

四十代後半に、私が一度大病《たいびょう》した後、再度説法を開始した際、座って話しているのを見て、「先生立って下さい。立って講演しなければカッコ悪いです。」と檄《げき》を飛ばしたのも彼女である。今は芸能・クリエーター部門の担当理事として、

「ほんとうの美しさとは何か。」を教え続けている。新しい「美の法門」を開くために今後も活躍してくれることだろう。

二〇一五年　十一月三日

幸福《こうふく》の科学《かがく》グループ創始者兼総裁《そうししゃけんそうさい》　大川隆法《おおかわりゅうほう》

収録を終えて

幸福の科学入局以前、私は日本航空客室乗務員（スチュワーデス）として、多忙な乗務の合間《あいま》、真の救世主を求め続けていました。

その後奉職し、主《しゅ》の後ろ姿を指針に、二十五年間精進《しょうじん》して参《まい》りました。

主は、常に寸暇《すんか》を惜しんで勉強されていましたが、その静かで謙虚な御姿《おすがた》こそ、「表現美」そのものでした。

また主はどのような立場の弟子に対しても、必ず敬語で接してくださり、「修行者への敬《うやま》いの心」を常にお持ちで、その謙虚な御姿からも美を感じる日々でした。

美しき愛の星・地球の救世主　大川隆法総裁先生に、これからも仏弟子の「不動の信仰心」でお仕《つか》えして参ります。

二〇一五年　十一月三日

幸福《こうふく》の科学《かがく》メディア文化事業局《ぶんかじぎょうきょく》スター養成部担当理事《ようせいぶたんとうりじ》
兼《けん》ＨＳＵ未来創造学部《みらいそうぞうがくぶ》 芸能《げいのう》・クリエーター部門専攻《ぶもんせんこう》コース
ビジティング・プロフェッサー
愛染美星《あいぜんみほし》

『美の伝道師の使命』大川隆法著作関連書籍

『幸福の科学大学創立者の精神を学ぶⅡ（概論）』（幸福の科学出版刊）
『職業としての宗教家』（同右）
『ダイエー創業者 中内㓛・衝撃の警告 日本と世界の景気はこう読め』（同右）
『青春への扉を開けよ　三木孝浩監督の青春魔術に迫る』（同右）
『女優・北川景子　人気の秘密』（同右）

※左記は書店では取り扱っておりません。最寄りの精舎・支部・拠点までお問い合わせください。
『美について考える』（宗教法人幸福の科学刊）
『大川隆法霊言全集 第1巻 日持の霊言／日蓮の霊言』（同右）

美《び》の伝道師《でんどうし》の使命《しめい》

――美的センスを磨く秘訣――

2015年11月19日　初版第1刷
2016年1月27日　第2刷

著　者　大《おお》川《かわ》隆《りゅう》法《ほう》

発行所　幸福の科学出版株式会社

〒107-0052 東京都港区赤坂2丁目10番14号
TEL(03)5573-7700
http://www.irhpress.co.jp/

印刷・製本　株式会社 堀内印刷所

落丁・乱丁本はおとりかえいたします

ISBN978-4-86395-737-4 C0076

イラスト：shutterstock/Irina_QQQ
写真：時事／ Mangouste35

大川隆法霊言シリーズ・「美しさ」の秘密に迫る

時間よ、止まれ。

女優・武井咲とその時代

国民的美少女から超人気女優に急成長する、武井咲を徹底分析。多くの人に愛される秘訣と女優としての可能性を探る。前世はあの世界的大女優!?

1,400円

「神秘の時」の刻み方

女優・深田恭子 守護霊インタビュー

人気女優・深田恭子の神秘的な美しさには、どんな秘密が隠されているのか？ 彼女の演技観、結婚観から魂のルーツまで、守護霊が語り明かす。

1,400円

ローラの秘密

いま、いちばん人気のある天然キャラ・ローラの素顔をスピリチュアル・インタビュー。みんなから愛されるキラキラ・オーラの秘密を大公開！

1,400円

幸福の科学出版

大川隆法ベストセラーズ・女性の成功を考える

女性らしさの成功社会学

女性らしさを「武器」にすることは可能か

男性社会で勝ちあがるだけが、女性の幸せではない──。女性の「賢さ」とは？「あげまんの条件」とは？ あなたを幸運の女神に変える一冊。

1,500円

女性が営業力・販売力をアップするには

一流の営業・販売員に接してきた著者ならではの視点から、「女性の強み」を活かしたセールスポイントを解説。お客様の心を開く具体例が満載。

1,500円

夫を出世させる「あげまん妻」の10の法則

これから結婚したいあなたも、家庭をまもる主婦も、社会で活躍するキャリア女性も、パートナーを成功させる「繁栄の女神」になれるヒントが、この一冊に！

1,300円

幸福の科学出版

大川隆法ベストセラーズ・「大川隆法」の素顔に迫る

職業としての宗教家

大川隆法 スピリチュアル・ライフの極意

霊的かつ知的な日常生活、霊言収録の舞台裏、知的生産の秘訣など、幸福の科学総裁の新たな魅力が明かされた、女優・雲母《きらら》とのスペシャル対談。

1,400円

素顔の大川隆法

素朴な疑問からドキッとするテーマまで、女性編集長3人の質問に気さくに答えた、101分公開ロングインタビュー。大注目の宗教家が、その本音を明かす。

1,300円

大川総裁の読書力

知的自己実現メソッド

区立図書館レベルの蔵書、時速2000ページを超える読書スピード——。1300冊を超える著作を生み出した驚異の知的生活とは。

1,400円

※表示価格は本体価格(税別)です。

大川隆法シリーズ・新刊

ファッション・センスの磨き方

人生を10倍輝かせるために

あなたの価値を高める「一流のファッション作法」とは？　おしゃれを通して“新しい自分”をクリエイトするきっかけを与えてくれる一冊。

1,500円

女神の条件
女優・小川知子の守護霊が語る成功の秘密

芸能界で輝き続ける女優のプロフェッショナル論。メンタル、フィジカル、そしてスピリチュアルな面から、感動を与える「一流の条件」が明らかに。

1,400円

病気カルマ・リーディング

難病解明編

「胃ガン」「心と体の性の不一致」「謎の視力低下」「血液のガン」の元にあった「心のクセ」や「過去世の体験」を解明！ 健康へのヒントが満載。

1,500円

大川隆法シリーズ・**新刊**

野坂昭如の霊言

死後 21 時間目の直撃インタビュー

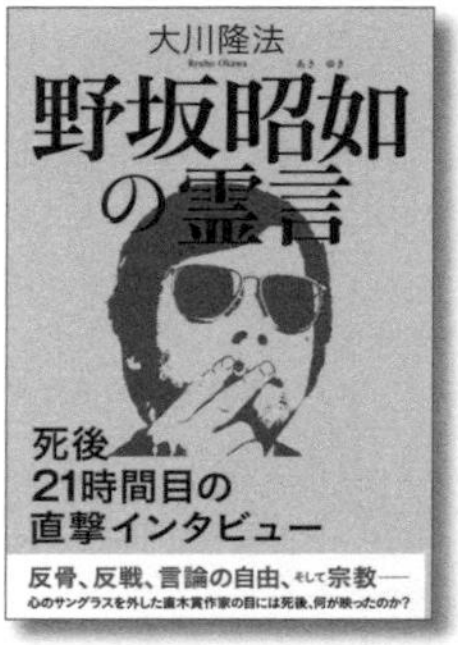

映画「火垂るの墓」の原作者でもある直木賞作家・野坂昭如氏の反骨・反戦のラスト・メッセージ。「霊言が本物かどうか、俺がこの目で確かめる」。

1,400円

政治家が、いま、考え、なすべきこととは何か。元・総理　竹下登の霊言

消費増税、マイナンバー制、選挙制度、マスコミの現状……。「ウソを言わない政治家」だった竹下登・元総理が、現代政治の問題点を本音で語る。【幸福実現党刊】

1,400円

大川隆法の「鎌倉でのUFO招来体験」

日蓮を救《たす》けた
「毬《まり》」のような「光りもの」の正体は?

旅行先の鎌倉でUFOの呼び出しに成功? さらに、日蓮の処刑を止めた、「竜の口の法難」UFO伝説の真相をタイムスリップ・リーディング!

1,400円

※表示価格は本体価格(税別)です。

大川隆法「法シリーズ」・**最新刊**

正義の法

法シリーズ
第22作

憎しみを超えて、愛を取れ

テロ事件、中東紛争、中国の軍拡――。
どうすれば世界から争いがなくなるのか。
あらゆる価値観の対立を超える
「正義」とは何か。
著者二千冊目となる「法シリーズ」最新刊！

2,000円

第１章　**神は沈黙していない**――「学問的正義」を超える「真理」とは何か
第２章　**宗教と唯物論の相克**――人間の魂を設計したのは誰なのか
第３章　**正しさからの発展**――「正義」の観点から見た「政治と経済」
第４章　**正義の原理**
――「個人における正義」と「国家間における正義」の考え方
第５章　**人類史の大転換**――日本が世界のリーダーとなるために必要なこと
第６章　**神の正義の樹立**――今、世界に必要とされる「至高神」の教え

幸福の科学出版

Welcome to Happy Science!
幸福の科学グループ紹介

「一人ひとりを幸福にし、世界を明るく照らしたい」──。その理想を目指し、
幸福の科学グループは宗教を根本《こんぽん》にしながら、幅広い分野で活動を続けています。

宗教活動

- 幸福の科学【happy-science.jp】
  - 支部活動【map.happy-science.jp（支部・精舎へのアクセス）】
  - 精舎（研修施設）での研修・祈願【shoja-irh.jp】
  - 学生局【03-5457-1773】
  - 青年局【03-3535-3310】
  - 百歳まで生きる会（シニア層対象）
  - シニア・プラン21（生涯現役人生の実現）【03-6384-0778】
  - 幸福結婚相談所【happy-science.jp/activity/group/happy-wedding】
  - 来世幸福園（霊園）【raise-nasu.kofuku-no-kagaku.or.jp】
- 来世幸福セレモニー株式会社【03-6311-7286】
- 株式会社 Earth Innovation【earthinnovation.jp】

社会貢献

- ヘレンの会（障害者の活動支援）【www.helen-hs.net】
- 自殺防止運動【www.withyou-hs.net】
- 支援活動
  - 一般財団法人「いじめから子供を守ろうネットワーク」【03-5719-2170】
  - 犯罪更生者支援

国際事業

- Happy Science 海外法人
  【happy-science.org（英語版）】【hans.happy-science.org（中国語簡体字版）】

教育事業

- 学校法人 幸福の科学学園
  - 中学校・高等学校（那須本校）【happy-science.ac.jp】
  - 関西中学校・高等学校（関西校）【kansai.happy-science.ac.jp】
- 宗教教育機関
  - 仏法真理塾「サクセスNo.1」（信仰教育と学業修行）【03-5750-0747】
  - エンゼルプランV（未就学児信仰教育）【03-5750-0757】
  - ネバー・マインド（不登校児支援）【hs-nevermind.org】
    - ユー・アー・エンゼル！運動（障害児支援）【you-are-angel.org】
- 高等宗教研究機関
  - ハッピー・サイエンス・ユニバーシティ（HSU）

政治活動

幸福実現党【hr-party.jp】
- <機関紙>「幸福実現NEWS」
- <出版> 書籍・DVDなどの発刊

HS 政経塾【hs-seikei.happy-science.jp】

出版 メディア 関連事業

幸福の科学の内部向け経典の発刊

幸福の科学の月刊小冊子【info.happy-science.jp/magazine】

幸福の科学出版株式会社【irhpress.co.jp】
- 書籍・CD・DVD・BD などの発刊
- <映画>「UFO 学園の秘密」【ufo-academy.com】ほか８作
- <オピニオン誌>「ザ・リバティ」【the-liberty.com】
- <女性誌>「アー・ユー・ハッピー？」【are-you-happy.com】
- <書店> ブックスフューチャー【booksfuture.com】
- <広告代理店> 株式会社メディア・フューチャー

メディア文化事業
- <ネット番組>「THE FACT」【youtube.com/user/theFACTtvChannel】
- <ラジオ>「天使のモーニングコール」【tenshi-call.com】

スター養成部（芸能人材の育成）【03-5793-1773】

ニュースター・プロダクション株式会社【newstar-pro.com】

入会のご案内

幸福の科学では、大川隆法総裁が説く仏法真理《ぶっぽうしんり》をもとに、「どうすれば幸福になれるのか、また、他の人を幸福にできるのか」を学び、実践しています。

入会

仏法真理を学んでみたい方へ

大川隆法総裁の教えを信じ、学ぼうとする方なら、どなたでも入会できます。入会された方には、『入会版「正心法語」』が授与されます。

三帰《さんき》誓願《せいがん》

信仰をさらに深めたい方へ

仏弟子としてさらに信仰を深めたい方は、仏《ぶっ》・法《ぽう》・僧《そう》の三宝《さんぼう》への帰依を誓う「三帰誓願式」を受けることができます。三帰誓願者には、『仏説・正心法《しょうしんほう》語《ご》』『祈願文《きがんもん》①』『祈願文②』『エル・カンターレへの祈り』が授与されます。

Information

幸福の科学 サービスセンター

TEL 03-5793-1727（受付時間／火〜金：10〜20時 土・日祝：10〜18時）

幸福の科学 公式サイト happy-science.jp

幸福の科学グループの教育・人材養成事業

ハッピー・サイエンス・ユニバーシティ

Happy Science University

ハッピー・サイエンス・ユニバーシティとは

ハッピー・サイエンス・ユニバーシティ(HSU)は、大川隆法総裁が設立された「現代の松下村塾」であり、「日本発の本格私学」です。
建学の精神として「幸福の探究と新文明の創造」を掲げ、
チャレンジ精神にあふれ、新時代を切り拓く人材の輩出を目指します。

学部のご案内

人間幸福学部

人間学を学び、新時代を切り拓くリーダーとなる

経営成功学部

企業や国家の繁栄を実現する、起業家精神あふれる人材となる

未来産業学部

新文明の源流を創造するチャレンジャーとなる

未来創造学部

2016年4月開設予定

時代を変え、未来を創る主役となる

政治家やジャーナリスト、ライター、俳優・タレントなどのスター、映画監督・脚本家などのクリエーター人材を育てます。※

※キャンパスは東京がメインとなり、2年制の短期特進課程も新設します(4年制の1年次は千葉です)。2017年3月までは、赤坂「ユートピア活動推進館」、2017年4月より東京都江東区(東西線東陽町駅近く)の新校舎「HSU未来創造・東京キャンパス」がキャンパスとなります。

スター養成スクール

私たちは魂のオーラを放つ、幸福の科学オリジナルスターを目指しています。

神様の代役として、人々に愛や希望、あるいは救いを与えるのがそうしたスターやタレント達の使命なのです。

（『「時間よ、止まれ。」―女優・武井咲とその時代』より）

レッスン内容

- **Power of Faith（信仰教育）**
- **芸能基礎レッスン（日舞、バレエ）**
- **演技レッスン**
- **ジャズダンス**
- **ボーカルレッスン**

スター養成スクール生大募集！

小学校１年生～２５歳までのスターを目指す男女（経験不問）。
電話：03-5793-1773

ニュースター・プロダクション

2016年3月
全国公開
予定

ニュースター・プロダクションは、世界を明るく照らす光となることを願い活動する芸能プロダクションです。2016年3月には、ニュースター・プロダクション制作映画「天使に“アイム・ファイン”」が公開予定となっています。

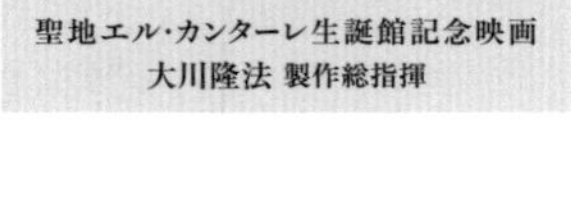

天使は、見捨てない。
天使に
I'm fine!
アイム・ファイン
製作総指揮/大川隆法
雲母(きらら)　芦川よしみ　金子昇　清水一希　合香美希
原作/『アイム・ファイン』大川隆法(幸福の科学出版)
監督・脚本/園田映人　音楽/大門一也　製作:ニュースター・プロダクション　制作プロダクション:ジャンゴフィルム　配給:日活　配給協力:東京テアトル
©2016ニュースター・プロダクション
5つの傷ついた心に、奇跡を起こす —
G
3.19(SAT)ROADSHOW
www.newstar-pro.com/tenshi/
NIKKATSU